UNSERE GLÜCKs MOMENTE

GESCHICHTEN AUS BADEN-BADEN

Josua Straß

Impressum

Danksagung
Dank an Tanja Eger, die meine viel zu langen Sätze in ein lesbares Format gebracht hat und mir half, meinen Blick auf das wirklich Wichtige zu richten.
Dank an Rüdiger Beermann, Jana Behrendt, Burkhard Freyberg, Walter Metzler, Raimund Rosch, Dagmar Rumpf, Roland Seiter und Patricia Tosana, die mir mit ihrem Fachwissen zur Verfügung standen, wenn mich meine eigenen Recherchen nicht mehr weitergebracht hatten.
Dank an alle Zeitzeugen und ihre Begleiter für die wunderbaren Gespräche und Dokumente, die dieses Buch möglich gemacht haben.

Literatur

Dokumentation Michaelstunnel, Wesel-Kommunikation, 1989; Ortskernatlas Baden-Baden, Landesdenkmalamt BW, 1993; Friedrich Weinbrenner in Baden-Baden, Triglyph Verlag, 2015; Merkur-Bergbahn Baden-Baden 1913–2003, Rendezvous Verlag, 2003; Berl, Heinrich, Baden-Baden im Zeitalter der Romantik, Druckerei Willy Schmidt, 1981; Bischoff, Helmuth, Baden-Baden, DuMont Verlag, 1996; Coenen, Ulrich, Von Aquae bis Baden-Baden, Verlag G. Mainz, 2008; Fischer, Klaus, Die lächelnde Stadt, Rendezvous Verlag, 2006; Fischer, Klaus, Faites votre jeu,; Druck- und Reprodienst Schliersee, 1975; Flake, Otto, Es wird Abend, S. Fischer Verlag, 1980; Flake, Otto, Hortense oder Die Rückkehr nach Baden-Baden, S. Fischer Verlag, 2005; Fuss, Margot, Baden-Baden, Kaiser und Könige, Koelblin Druck, 1994; Gleichstellungsstelle Baden-Baden, Zwischen Suppenküche und Allee, ColorDruck Leimen, 2012; Haebler, Rolf Gustav, Geschichte der Stadt und des Kurortes Baden Baden I + II, Druckerei Willy Schmidt, 1969; Hlawitschka-Roth, Ermengard, Baden-Baden entdecken, Aquensis Verlag, 2020; Keller, U., Sharandak, N., Iwan Turgenjew und Pauline Viardot, Insel Verlag, 2018; Kern, Getrud, Julia Frank, tredition, 2016; Kicherer, Dagmar, Kleine Geschichte der Stadt Baden-Baden, Verlag G. Braun, 2012; Kieser, Clemens et. al., Kunst- und Kulturdenkmale im Landkreis Rastatt und Baden-Baden; Theiss Verlag, 2002; Lauth, Sibylle, Nordbaden, DuMont Verlag, 2002; Martin, Peter, Salon Europas, Stadler Verlag, 1983; Mayer, Uwe, Die Laufmaschine, U. Mayer, 2020; Poetter, Jochen, Kunsthalle Baden-Baden 1909–1986, Kölblin Druck, 1986; Reinbothe, Karl, 150 Jahre Rennbahn Iffezheim, Wesel-Kommunikation, 2008; Rössler, Rolf, Baden-Baden unterm Hakenkreuz, Books on Demand, 2000; Schallmayer, Egon, Aquae – das römische Baden-Baden, Theiss Verlag, 1989; Schnars, Karl Wilhelm, Baden-Baden und Umgebung, Verlag C. Wild, 1878; Schoog, Bernadette, Von Mougins nach Baden-Baden, Hatje Cantz Verlag, 2019; Schweikle, Johannes, Die abenteuerliche Fahrt des Herrn von Drais, Klöpfer & Meyer Verlag, 2017; Seiter, Roland, Ein Bugatti heult auf, Rendezvous Verlag, 2002; Seiter, Roland, Erlebnis Schwarzwaldhochstraße, Verlag Regionalkultur, 2019; Spitz, Engelbert, Heimatkunde vom Amtsbezirk Rastatt, Konkordia Druck, 1926; Twain, Mark, Bummel durch Europa, Insel Verlag, 1985; Weigel, Bernd, Parkführer Baden-Baden, Wesel-Kommunikation, 2003

1. Auflage 2021

Umschlaggestaltung: r2 | Ravenstein, Verden
Layout: r2 | Ravenstein, Verden
Satz: Schneider Professionell Design, Schlüchtern
Druck: Rindt Druck, Fulda
Buchbinderische Verarbeitung: Buchbinderei S. R. Büge, Celle

ISBN: 978-3-8313-3386-8

INHALT

GRUSSWORT

Liebe Leserinnen und Leser,
ein Glücksmoment in Baden-Baden bedeutet sicherlich für jeden Menschen etwas anderes. Für mich ist es beispielsweise ein solcher Moment, in dem ich im Frühsommer auf dem Merkur, dem Hausberg Baden-Badens, den Sonnenuntergang über der Stadt genieße. Oder während der „Baden-Badener Sommernächte" einem der Open-Air-Konzerte vor dem Kurhaus lausche.
Josua Straß hat in seinem Buch zahlreiche dieser Baden-Badener Glücksmomente liebevoll zusammengestellt und lässt uns als Leser daran teilhaben. Begleiten Sie ihn in seinen Geschichten durch unsere Stadt und genießen dabei die Orte, die die Schönheit Baden-Badens ausmachen.
Unsere Stadt war schon immer ein international bekannter Sehnsuchtsort und wird es auch in Zukunft bleiben, denn Baden-Baden hat sich von der klassischen Kurstadt zur europäischen Lebenskulturhauptstadt weiterentwickelt. Vielleicht empfinden Sie am Ende des Buches das gleiche Glücksgefühl über diesen besonderen Ort wie wir und Sie haben Ihren persönlichen „Good-good-life"-Moment in Baden-Baden gefunden. Sie werden sehen, unser Slogan „Baden-Baden – the good-good-life" – hält sein Versprechen.
Viel Spaß beim Entdecken wünscht Ihnen
Nora Waggershauser
Geschäftsführerin
Baden-Baden Kur & Tourismus GmbH

VORWORT

Bei vielen Menschen weckt der Name einer Stadt verschiedene Assoziationen, bei Baden-Baden ist das möglicherweise: mondän, elitär, teuer oder ein bisschen angestaubt. Ein Ort eben, in dem sich Prominente und finanziell Bessergestellte die Klinke in die Hand geben.

Wer die Stadt an der Oos aber erst einmal kennengelernt hat, merkt bald, dass sie wie ein funkelnder Kristall reich an Facetten ist. Sie bietet selbst Kennern immer wieder etwas Neues, wenn man nur die Augen aufmacht.

Für mich als gebürtigen Baden-Badener war die Arbeit an diesem Buch ein solcher Augenöffner: Das Glück in der Kurstadt hat oftmals einen historischen Ursprung und ist dennoch bis in die Gegenwart hinein zu spüren.

Die Beschäftigung mit der Geschichte von Orten und Menschen hat mich neue interessante, berührende und überraschende Details entdecken lassen. Die Recherchearbeit in Büchern und im Internet, vor allem aber die Gespräche mit Zeitzeugen waren in vielerlei Hinsicht eine ungeheure Bereicherung, die ich in den folgenden Kapiteln mit Ihnen, den Leserinnen und Lesern, teilen möchte.

Es wäre mir eine große Freude, wenn Sie ein ebensolches Vergnügen bei der Lektüre hätten wie ich beim Schreiben.

Ihr Josua Straß

1

DIE GOLDENEN QUELLEN VON AQUAE

Einer der malerischsten Orte in Baden-Baden ist der versteckt am Fuße des Neuen Schlosses liegende Florentinerberg, dessen Pflanzenpracht seine Besucher das ganze Jahr über in Staunen versetzt. Hier lassen sich Bäume und Sträucher finden, die ohne zusätzlichen Winterschutz die kältesten Nächte des Jahres überstehen, obwohl sie eigentlich weit südlich der Alpen beheimatet sind. Unter Erdbeerbäumen, Feigen, Kakipflaumen und Kamelien liegen in einer Tiefe von Tausenden von Metern sprudelnde Thermalquellen, die man guten Gewissens als das flüssige Gold der Stadt bezeichnen kann und die an der Südostflanke des Schlossberges für eine natürliche Fußbodenheizung sorgen. Zum Glück für Pflanzen und Badegäste kühlt sich das etwa 140 Grad heiße Wasser auf dem Weg nach oben etwa um die Hälfte ab, was das Wartungspersonal, das einmal im Jahr die labyrinthischen Stollen sichtet und reinigt, immer noch ganz schön ins Schwitzen bringt. Wer zum Dienst eingeteilt ist, darf sich höchstens 45 Minuten und aus Sicherheitsgründen nur in Begleitung eines Kollegen in den Schächten aufhalten, die zu den Quellen führen. Für den Flüssigkeitsausgleich sollten außerdem in diesem kurzen Zeitraum zehn bis zwölf Liter Wasser getrunken werden – da kann selbst der hartgesottenste Saunagänger nicht mithalten!

Bis zum heutigen Tag wurden übrigens sechzehn Thermalquellen entdeckt und erschlossen, von denen den Römern einst nur die heißen Quellen am Florentinerberg bekannt waren. Um 74 n. Chr. befahl Kaiser Vespasian, dort ein Heilbad für den Legionsstandort Straßburg zu erstellen und plante gleichzeitig eine Siedlung für das unbewohnte Oostal und seine Umgebung. Das ist auch der Grund, warum der Ort nur den Namen AQUAE „Heilbad" bekam, während alle anderen Heilbad-Orte einen Zusatznamen hatten. Der oft als schmückendes Beiwort hinzugefügte Name AURELIAE wurde übrigens erst im 19. Jahrhundert erfunden. Im Umfeld der heißen Quellen erstellten Bauhandwerker und Architekten aus den Reihen des Militärs in einem Zeitraum von zwanzig Jahren ein Städtchen, zu dem ein mit Öfen beheiztes Hygienebad für die aus Gallien einziehenden Bewohner gehörte. Dessen Überreste können wir heute als „Römische Badruinen" bewundern.

Auf dem Rettig-Hügel gab es anfangs Wohnbaracken für 400 Arbeiter, weitere kamen in der näheren Umgebung bei Steinbrüchen, in Holzfällercamps, bei Ziegelbrennöfen oder bei den Ställen der Zugpferde für Transporte hinzu. Ab 84 n. Chr. stand auf dem Rettig ein repräsentatives Steingebäude. Um das Jahr 100 wurde eine Zivilverwaltung für das Städtchen mit beiden Bädern und für die Straßen der Umgebung verantwortlich. Als am Anfang des 3. Jahrhunderts ein Brand das Heilbad der Soldaten zerstörte, übernahm Kaiser Caracalla (211–217) die Kosten für den Neubau. Um 260 n. Chr. ging die gallo-römische Kultur in Südwestdeutschland unter und AQUAE und seine Quellen verschwanden aus dem Blickfeld der Geschichtsschreibung, bis sie vermutlich spätestens seit dem 13. Jahrhundert wieder genutzt wurden, als Markgraf Friedrich II. im Jahr 1306 Bad und Geld aus dem Bad als Lehen verlieh.
Zu Beginn des 16. Jahrhunderts hatte sich der Badebetrieb in der Stadt so weit etabliert, dass die ersten Kurtaxen erhoben

und Badebücher geführt wurden. Zu den Anwendungen gehörten medizinische Behandlungen mit Trink- und Inhalationskuren. Erwähnt sind außerdem ein Bürger- und ein Armenbad, aber auch zwölf Gasthäuser mit knapp 400 Badekästen zur Beherbergung von bis zu 3000 Badegästen im Jahr. Das Ende dieser Zwischenblüte wurde besiegelt durch die Eroberungen und Plünderungen während des Dreißigjährigen Krieges sowie den verheerenden Brand während des Pfälzischen Erbfolgekrieges. Baden-Baden sollte sich lange nicht von diesen Zerstörungen erholen. Am Fuße des nun leer stehenden Schlosses drängten sich an der Höllgasse hinter der Stiftskirche einige wenige Hotels und Badestuben aneinander, die Bevölkerung war vom schweren Leben gezeichnet und vertrieb durch ihre mürrische und abweisende Art auch die letzten Kurgäste.

Die durch den Stadtbrand teilweise verschütteten Thermalquellen wurden von Schweinezüchtern genutzt: Sie brühten die geschlachteten Tiere mit dem heißen Wasser ab, um die Borsten leichter entfernt zu können. An eine erneute Zukunft als Badeort mochte in dieser Zeit niemand mehr glauben. Selbst als auf Geheiß des Landesfürsten Karl Friedrich eine Badekommission ein Konzept erarbeitete, mit dem der Stadt zu neuem Glanz verholfen werden sollte, blieb alles beim Alten. Baden-Baden war so hoch verschuldet, dass nicht einmal ein Bruchteil des benötigten Geldes zur Verfügung stand. So blieben in den folgenden Jahrzehnten die Gäste aus und die Stadt verkam zu einem bedeutungslosen Marktflecken. Erst durch das Zusammenwirken verschiedener glücklicher Ereignisse sollte Baden-Baden im 19. Jahrhundert zu einem mondänen Kurort werden.

Durch geschickte Heiratspolitik, die Nähe zu Frankreich während der Napoleonischen Unruhen, die Anziehungskraft der romantischen Natur der Umgebung und natürlich die Verlockung des Glücksspiels im Casino wurde aus dem in Vergessenheit geratenen Badeort die Sommerhauptstadt Europas, in der sich die Adligen, Reichen und Schönen die Klinke in die Hand gaben. Zwischen 1869 und 1877 wurden das Friedrichsbad als modernstes Badehaus Europas und das Augustabad als Frauenbad erbaut, um die Besucherströme bewältigen zu können. Im Renaissance-Saal des Friedrichsbades konnte man, wie Fotos belegen, sogar mit Frack und Zylinder eines der ersten Fitnessstudios Deutschlands besuchen!

Im 20. Jahrhundert wurde das Bäderviertel umstrukturiert. Das Augustabad wurde in den 60er-Jahren abgerissen und in den 80er-Jahren wird die Caracalla-Therme als modernes Vergnügungsbad eröffnet. Im Gegensatz zum Friedrichsbad, einer Mischung aus römischer Badekultur und irischen Heißluftbädern, laden in der Therme abwechslungsreiche Becken zum ausgiebigen Bad im Thermalwasser ein. Zusätzlich locken ein Aromadampfbad, ein Inhalationsraum und ein großzügiger Saunabereich.
Wer sich heutzutage in der Kurstadt die Zeit für ein Badevergnügen gönnt, hat die Qual der Wahl: ein zwei- oder dreistündiger Besuch im Friedrichsbad, das mit seiner historischen Pracht, heißen Schwitzräumen, entspannenden Badebecken, einer optionalen Seifenbürstenmassage und einem Ruheraum lockt, in dem man, in warme Tücher gehüllt, alle Sorgen hinter sich lassen kann? Oder lieber das Badevergnügen in der benachbarten Caracalla-Therme, deren modern-klassischer Baustil ebenfalls ihren Charme hat und die mit ihren Wechselbädern, Strömen und Gegenströmen, Kalt- und Heißbecken die Aufenthaltszeit in Windeseile verstreichen lässt? Nicht zu vergessen der vor wenigen Jahren neu gestaltete Saunabe-

reich, der mit sieben Saunaräumen im Innen- und Außenbereich, einem Dampfbad und zwei Ruheräumen ebenfalls genug Programm für einen Tagesbesuch bietet.
Ganz gleich, wie man sich entscheidet, das Glücksgefühl dieses Tages wird den Besucher noch lange begleiten. So erging es beispielsweise einer Amerikanerin beim Besuch im Friedrichsbad: Sie hatte sich zunächst nur mit großer Überwindung in den textilfreien Bereich des Bades begeben, nach dem Besuch aber, zuerst zum Schreck und dann zur Erleichterung des Personals, lauthals Freudentränen vergossen, weil sie die Unbefangenheit und Entspannung so sehr genossen hatte. Ebenfalls in lebhafter Erinnerung blieb den Mitarbeitern des Bades der Besuch eines älteren Herrn, der nach einer kurzen Einweisung an der Kasse auf dem Weg zur Umkleide zu früh abbog und sich seiner Kleidung in einem der Einzelbäder entledigte. Eine knappe Stunde später, nachdem er die einzeln buchbaren Separees und Massagezimmer ausgiebig besichtigt hatte, kehrte er im Adamskostüm zur Kasse zurück. Nach einem kurzen Moment der Überraschung fand sich rasch ein Bademantel und der Gast wurde in den offiziellen Bereich des Hauses geführt, wo er nun den echten Gang durchs Friedrichsbad beginnen konnte - und sich anschließend, wieder adrett gekleidet, für Service und Freundlichkeit aufs Allerherzlichste bedankte.
Wer sich hingegen für die archäologische Vergangenheit der Stadt interessiert, für den sind die zwischen Friedrichsbad und Therme gelegenen „Römischen Badruinen" genau das Richtige. Dort kann man die nördlich der Alpen am besten erhaltenen Reste eines Römerbades mit Ofenbeheizung bestaunen, das für die zivile Einwohnerschaft bestimmt war. Drei Bauphasen zeigen Standardelemente im Wandel: Umkleide, Warmluftraum, Feuchtluftraum, Sauna, kleinere Wasserbecken zum

Sitzen oder Stehen. Das Außenbecken zum Schwimmen ist allerdings leider nicht erhalten.
Es geschieht übrigens immer mal wieder, dass sich sogar in diese historischen Räumlichkeiten Gäste mit Badetaschen verirren. Das Personal weist in so einem Fall diplomatisch, aber bestimmt darauf hin, dass die nur wenige Minuten entfernten Badeanlagen besser geeignet sind, um zu erleben, dass man in den Baden-Badener Thermen nach zehn Minuten die Zeit und nach zwanzig Minuten die Welt vergisst ...

2

VOM FREIHERRN UND SEINEM FAHRRAD

Wussten Sie eigentlich, dass in Baden-Baden ein Stück Verkehrsgeschichte geschrieben wurde? Und zwar von keinem Geringeren als Freiherr Karl Friedrich Christian Ludwig von Drais, Forstmeister und Erfinder aus Karlsruhe, der im Jahr 1816 die große Chance sah, die von ihm konstruierte zweirädrige Fahrmaschine zu präsentieren: einfach gesagt, den Vorläufer des modernen Fahrrads.
Wie es dazu kam? Nach dem gewaltigen Ausbruch eines Vulkans auf der im Indischen Ozean gelegenen Insel Sumbawa verdunkelte sich in Europa monatelang der Himmel und das Jahr 1816 ging als „Jahr ohne Sommer" in die Geschichte ein. Und da es in diesem Jahrzehnt bereits die fünfte und schwerste Missernte in Folge war, stiegen unter anderem die Haferpreise in schwindelnde Höhen, sodass zahlreiche Pferde verhungerten oder notgeschlachtet werden mussten. Das war schlecht für die Mobilität und die zweirädrige Laufmaschine des Freiherrn stieß auf großes Interesse.
Das Gefährt, das von Drais bei einem erfahrenen Kutschenbauer in Auftrag gab, ähnelte sehr den Laufrädern, mit denen heute bereits kleine Kinder ihre ersten Meter auf zwei Rädern zurücklegen. Es war genauso einfach wie genial. Die ersten kurzen Testfahrten, die dem Fahrer wie Schlittschuhlaufen auf der Straße vorkommen mussten, waren so erfolgreich, dass Freiherr von Drais im Sommer 1817 in einer Broschüre das von

ihm LoDa genannte Produkt – zusammengesetzt aus Locomotion (Bewegung) und Dada (Steckenpferd) – mit der folgenden Anzeige bewarb:

1. Bergauf geht die Maschine, auf guten Landstraßen, so schnell, als ein Mensch in starkem Schritt.
2. Auf der Ebene, selbst sogleich nach einem starken Gewitterregen, wie die Staffetten der Posten, in einer Stunde zwei Poststunden.
3. Auf der Ebene, bei trockenen Fußwegen, wie ein Pferd im Galopp, in einer Stunde gegen vier Poststunden.
4. Bergab, schneller als ein Pferd auf der Rennbahn.

Tatsächlich war der Erfinder nach seiner ersten Fahrt von Mannheim nach Schwetzingen und wieder zurück in aller Munde. Er hatte die Strecke mit einer Geschwindigkeit von 15 Stundenkilometern zurückgelegt und das war trotz der ausgezeichnet ausgebauten Strecke, die bereits Ende des 18. Jahrhunderts mit der Via Appia verglichen wurde, eine Sensation! Um zu beweisen, dass seine Konstruktion auch auf hügeligem Gelände fahrtauglich war, hatte der findige und inzwischen recht durchtrainierte von Drais bereits die nächste Idee: Eine Bergfahrt aus dem nahe gelegenen Gernsbach in das zu diesem Zeitpunkt aufstrebende Baden-Baden, das er bereits von früheren Besuchen kannte.
Ein wesentlicher Grund für seine Streckenwahl war das sehr gut ausgebaute Wegenetz aus breiten Wanderpfaden und Handelsstraßen um den Kurort herum, denn auf unebenen Wegen oder Straßen war die 22 kg schwere Laufmaschine mit Holzrädern ohne Gefahr für Leib und Leben nicht nutzbar.
Von Drais hatte das Ziel, nach Patentanmeldungen in Baden und Frankreich mit seiner Erfindung zu Wohlstand zu kommen. Ein wohlhabendes internationales Publikum, das für

Neues und Unbekanntes stets etwas übrighatte, war genau das Richtige. Am Ende des Monats Juli im Jahr 1817 war es so weit: von Drais brach am Morgen mit seinem Laufrad ins Murgtal auf, wobei nicht bekannt ist, ob er den Weg über Kuppenheim wählte oder die direkte Strecke schon einmal besichtigt und auf ihre Fahrtauglichkeit hin überprüft hatte. In Gernsbach angekommen, legte er den auf zwei Stunden veranschlagten neun Kilometer langen Bergweg in der Hälfte der Zeit zurück. Wer die Strecke vor Augen hat und weiß, wie abschüssig sie an einigen Stellen ist, möge sich überlegen, ob er es gewagt hätte, diese Fahrt mit nur einer Schleifbremse am Hinterrad anzutreten.
Wir können nur ahnen, wie es sich für den Freiherrn angefühlt haben muss, nach einem anstrengenden Aufstieg in Höchstgeschwindigkeit die immerhin bis zu 15 % Steigung aufweisende Wolfsschlucht hinunterzusausen! Das Glücksgefühl, nach dieser halsbrecherischen Fahrt mit heiler Haut in Baden-Baden angekommen sein, war sicher groß. Und es scheint so, als wären seine Ankunft und die Präsentation des Wunderwerks ein voller Erfolg gewesen. Bereits im darauffolgenden Sommer war von Drais erneut Gast in der Kurstadt und führte sein Laufrad in der Kastanienallee vor dem Promenadehaus einem staunenden Publikum vor. Bald wurde seine Erfindung jedoch trotz eines badischen und eines französischen Patents nachgebaut und weiterentwickelt, sodass der Freiherr sein Ziel, wirtschaftlich erfolgreich zu sein, nicht erreichen konnte. Trotzdem hat er mit dieser Fahrt Verkehrsgeschichte geschrieben und unzähligen Menschen zum Glück auf zwei Rädern verholfen!

3

GLÜCK IM SPIEL

Wohl keine andere Institution in der Kurstadt ist so eng mit Glück und Unglück verbunden wie das Spielcasino. Zwar wurden bereits in der Mitte des 18. Jahrhunderts einigen Gasthausbesitzern Spielkonzessionen erteilt, jedoch war der Marktflecken zu diesem Zeitpunkt in der Bedeutungslosigkeit versunken. Erst im Lauf des kommenden Jahrhunderts sollte Baden-Baden den Rang einer Spielermetropole erlangen, und zwar nachdem die Markgrafschaft Baden eine neue Posotion im europäischen Machtgefüge einnahm. Alles fing damit an, dass Preußen sich auf Polen konzentrierte. Damit geriet der Südwesten Deutschlands stärker unter den Einfluss Frankreichs und vor allem Napoleons. Der französische Kaiser gewann Markgraf Karl Friedrich von Baden als Verbündeten und verheiratete seine Adoptivtochter Stéphanie de Beauharnais mit dem Sohn Karl von Baden.

Baden-Baden war – im Gegensatz zu der arrangierten Ehe – für die junge Regentin eine Liebe auf den ersten Blick. Und während ihr Gatte hauptsächlich in Mannheim residierte und ihre Schwiegermutter Karlsruhe bevorzugte, verbrachte Stéphanie vor allem die Sommermonate am liebsten am Ufer der Oos. Nach dem Tod ihres Mannes verschmähte sie das Mannheimer Schloss als Witwensitz und entschied sich für die Abgeschiedenheit ihres Landhauses in Baden-Baden.

Als Schwägerin der Zarin Elisabeth scharte sie sowohl ein französisches als auch ein russisches Publikum um sich, das wie sie von der wunderbaren Verbindung aus Natur und Kultur an

den nördlichen Ausläufern des Schwarzwalds begeistert war. Den Zuspruch dieser Gäste fanden aber nicht nur die romantischen Wälder und heilsamen Bäder, sondern auch die bereits bestehenden konzessionierten und überwachten Glücksspiele in Baden-Badener Hotels, wie dem am Marktplatz gelegenen Promenadehaus und dem Konversationshaus an der Oos. Man vergnügte sich mit den beliebten Kartenspielen Rouge et Noir, Ecarté und Whist sowie dem populärer werdenden Hasard-Würfelspiel, das aus England stammte.
Mit Spiel, Bad und der prächtigen Umgebung war eine Kombination gefunden, die Baden-Baden zur Sommerhauptstadt Europas werden lassen sollte. Mit dem Zustrom der Gäste stiegen die Einnahmen aus den Glücksspielabgaben auf ein Maß, das die Modernisierung der Stadt ermöglichte. Kanalisation, Wald-, Wander- und Kutschwege wurden ausgebaut und im Jahr 1824 konnte das uns heute als Kurhaus bekannte neue Konversationshaus gebaut werden. Dort waren nicht nur die Spielsäle zu finden, sondern es wurde auch ein breit gefächertes Kulturprogramm geboten.

Als dann im Jahr 1837 die Pariser Spielbanken geschlossen wurden, kam Jacques Benazet mit zahlreichen anderen Spielern aus der französischen Hauptstadt an die Oos. 1838 übernahm er die Führung der Spielbank und wurde zum „Roi de Bade", der mit seinem Sohn Edouard als Nachfolger das Erscheinungsbild der Stadt prägte. In den knapp drei Jahrzehnten, die Vater und Sohn die Spielbank-Lizenz innehatten, erreichte die Stadt ihre Blütezeit.
Im ständigen Konkurrenzkampf mit dem kulturellen Angebot der französischen Metropole wurden die Stärken der Kurstadt ausgebaut. Künstler, die nicht von allein den Weg ins Oostal fanden, wurden mit attraktiven Angeboten angelockt. Mit dem

Überschuss aus den Spielbankeinnahmen wurde nicht nur die Lichtentaler Allee zu einem mit exotischen Bäumen und Sträuchern geschmückten Park im Stil eines englischen Gartens. In dieser Zeit entstanden auch das Friedrichs-, und Augustabad, das Kongresshaus, die Alte Polizeidirektion, die Trinkhalle und die evangelische Stadtkirche.
Nie wieder sollte sich in den Sälen und Salons der Stadt eine solche Vielfalt aus Politikern, Berühmtheiten und finanziell gut gestellten Gästen die Klinke in die Hand geben. Bedeutende Künstler wie Hector Berlioz, Pauline Viardot und Johannes Brahms besuchten Baden-Baden regelmäßig oder verlegten sogar ihren Wohnsitz in die Stadt. Ivan Turgenjew, Mark Twain, Henry James und Fjodor Dostojewskij sicherten Baden-Baden einen Platz in der Weltliteratur. Internationale Herrscherhäuser und einflussreiche europäischer Politiker nutzten den Weltrang Baden-Badens, um Kontakte zu knüpfen und Allianzen zu schmieden. Doch die Besucherzahlen nahmen ab und der Schlusspunkt dieses wundervollen Kapitels der Stadtgeschichte wurde gesetzt, als es in der Spielbank am 31. Oktober 1872 für mehr als sechzig Jahre zum letzten Mal heißen sollte „Faites votre jeu!"

Eine Ironie des Schicksals mag man darin sehen, dass in dieser Blütezeit einer der immer wieder gesehenen Gäste Otto von Bismarck war, der ein großes Faible für die Gesangsdarbietungen Pauline Viardots hatte und dem Baden-Badener Kulturleben gegenüber nicht abgeneigt zu sein schien. Gerade seine politische Ausrichtung hatte jedoch einen großen Einfluss auf die zunehmende Dominanz Preußens, den gesellschaftlichen Umbruch nicht nur in Baden-Baden und die damit einhergehende Schließung der Spielbank. Das Miterleben des unbefangenen internationalen Beisammenseins schien Bismarcks

Weltsicht nicht geändert zu haben und umso verwunderlicher ist es, dass der Staatsmann, dessen Politik Baden-Baden beinahe zurück ins 18. Jahrhundert katapultiert hätte, 1895 zum Ehrenbürger ernannt und ihm zwanzig Jahre später am Jesuitenplatz vor dem Rathaus eine Koloss-Statue errichtet wurde. Vielleicht sollte man dieses Monument zum Anlass nehmen, sich der Wankelmütigkeit des Schicksals bewusst zu sein.

Baden-Baden hat es in den Jahren der Spielbankschließung geschafft, sich neu zu erfinden und mit der Stärkung und Betonung seiner Identität als Kultur- und Erholungsstadt die Jahre zu überbrücken, in denen die wichtigste Einnahmequelle versiegte. Wenn man den Eisernen Kanzler nicht als Denkmal, sondern als Mahnmal dafür sieht, dass es wichtig ist, aus der Not eine Tugend zu machen, spielt er im Herzen der Stadt, wie es einem Ehrenbürger gebührt, dann doch wieder eine wichtige und glücksbringende Rolle.

4

BEQUEM IN LUFTIGE HÖHEN

Von allen schönen Gipfeln, die Baden-Baden umgeben, ist der Merkur sicherlich der am häufigsten besuchte. Das war bereits im 19. Jahrhundert so, obwohl man den Gipfelturm, der 1837 errichtetet worden war, nur über einen langen, vergleichsweise beschwerlichen Aufstieg erreichen konnte.
Als 1872 die Schließung der Spielbanken gesetzlich angeordnet wurde und die Kurstadt um eine wesentliche Attraktion ärmer war, sollte eine Bergbahn neues Interesse wecken. Als wahres Mammutprojekt sah der erste Entwurf einen Streckenverlauf vom Ende der Sophienstraße, etwa in Höhe von Caracalla-Therme und Gymnasium Hohenbaden, über Wolfsschlucht und Teufelskanzel vor. Mit einer Lokomotive und zwei Güterwagons sollten die Besucher auf den Merkurgipfel zu befördert werden. Das Projekt scheiterte wahrscheinlich an der Finanzierung und die Pläne verschwanden in der Schublade.

35 Jahre später, im Jahr 1907, reichte ein Herr Holzapfel, den die Idee offensichtlich ebenso umtrieb wie viele andere Bürger, ein erfolgversprechendes Gutachten ein. Nach aufwendigen Bauarbeiten und der Investition einer stattlichen Summe von über einer Million Mark fuhren am 16. August 1913 die ersten Fahrgäste auf den Gipfel. Auf dem Weg von der Talstation zum Aussichtsturm konnte man bereits eindrucksvolle Blicke erhaschen. Dem einen oder anderen Fahrgast rutschte

(auch heute noch) am mit 54 % Steigung steilsten Abschnitt der 1200 Meter langen Strecke für einen Augenblick das Herz in die Hose. Oben angekommen entschädigte dann aber die phänomenale Aussicht.
Ende der 60er-Jahre wurde die Strecke aus Kostengründen geschlossen. Während Bahn und Gipfelhotel in der Folgezeit in einen Dornröschenschlaf und mehr und mehr dem Zahn der Zeit zum Opfer fielen, mochten sich viele Einheimische und Besucher mit dem Wegfallen der beliebten Gipfelbahn nicht abfinden. Zwar führt bis heute ein absolut sehenswerter Fußweg von der Innenstadt über die Wasserkunstanlage Paradies und eine große Streuobstwiese zur Merkur-Talstation. Aber wer diesen Aufwand nicht betreiben konnte oder wollte, musste notgedrungen auf Berg und Aussicht verzichten.

Wer den Aufstieg wagte, konnte mit ansehen, wie Schlingpflanzen und Dornengestrüpp Bahnstrecke und Gebäude umschlossen und beide mehr und mehr in einen Dornröschenschloss fielen. Nachdem im leer stehenden Hotel an der Bergstation Spuren von nächtlichen Gelagen mit Lagerfeuer im Foyer entdeckt wurden, fragte sich so mancher Bürger, ob die glanzvollen Tage des Hausberges nicht ein für alle Mal vorbei waren. Nicht verwunderlich also, dass bald genügend Stimmen zusammenkamen, um im Stadtrat die Debatte über die logistische und finanzielle Wiederaufnahme der Fahrten zu führen. Zum Glück dachte man nachhaltig, sodass der Vorschlag einer Gondelbahn, die mit großen Eingriffen in die Natur und einem erheblichen Kostenfaktor verbunden gewesen wäre, abgelehnt wurde.
Stattdessen wurde auf der bestehenden Strecke eine der längsten Standseilbahnen Deutschlands eröffnet, die nach

einer 18 Monate dauernden Bauphase am 27. April 1979 in Betrieb genommen wurde.
Von anfänglichen Kinderkrankheiten ließ man sich nicht aus der Ruhe bringen: Nur kurze Zeit nach der Wiedereröffnung etwa, als eine Bahn mit schottischen Besucherinnen wenige Meter unter der Gipfelstation den Dienst versagte. Ein galanter Retter musste sich aus der Talstation auf den Weg machen, um die Teilnehmerinnen des Kaffeekränzchens eine nach der anderen über Gleise und Fahrbahnbegrenzung hinweg auf den Wanderweg nach oben zu begleiten.
Oder als ein zentrales Steuerungselement den Geist aufgab und in großer Eile ein Experte mit Ersatzteil angefordert werden musste. Sein Eintreffen wurde für den nächsten Vormittag avisiert. Wie auf heißen Kohlen standen Betriebs- und Einsatzleiter am kommenden Tag am Merkurbahnhof und warteten Stunde um Stunde auf das Eintreffen des Eidgenossen - die Bahn war in der Schweiz hergestellt worden. Der Fachmann kam im Laufe des Nachmittags tatsächlich an. Er entschuldigte sich damit, dass er die Autostrecke über den Schwarzwald genommen hätte, um die schöne Aussicht zu genießen.
Seit 1979 befördern die Waggons Jahr für Jahr im Schnitt etwa 25.000 Fahrgäste auf den Großen Staufenberg, der seit dem Fund einer dem Götterboten gewidmeten römischen Votivplatte den Namen des Gottes Merkur trägt und für Ausflügler jeden Alters etwas zu bieten hat: Nicht weit von der Talstation kann man an einer Kneipp-Anlage die müden Füße erfrischen und im Anschluss daran auf der nahe gelegenen Liegewiese die Seele baumeln lassen. Das nahe gelegene städtische Wildgehege ist die nächste Sehenswürdigkeit, nicht nur für Menschen mit kleinen Kindern.
Am Fuß des in 668 Meter Höhe gelegenen Aussichtsturmes, der seit den 1950er-Jahren dem SWR als Sendeturm dient,

locken weitere Attraktionen: ein Restaurant, Grill- und Spielplätze, eine weitere Wiese mit Liegestühlen, ein geologischer Lehrpfad sowie der Einstiegspunkt für zahlreiche Wanderwege, über die sich die gesamte Region erkunden lässt.
Für alle, denen der Kitzel des Aufstiegs nicht genug war, gibt es, dem Orkan Lothar sei Dank, zwei perfekte Startbahnen für Gleitschirmflieger. Trainierte Gleitschirmpiloten fliegen vom Merkur aus regelmäßig bis nach Karlsruhe, bisweilen sogar nach Freiburg oder Mannheim. Der Streckenrekord des Piloten Simon Sudermann aus dem örtlichen Verein „Die Schwarzwaldgeier" liegt bei atemberaubenden 207,5 km und stammt aus dem Jahr 2019. Das Glück des Fliegers auf dem Weg dorthin und bei der Landung in Buchdorf bei Donauwörth kann sich wohl nur vorstellen, wer selbst einmal diesem Hobby nachgegangen ist. Wer Lust auf eine Schnupperstunde hat, weiß ja nun, wo und bei wem er sich melden kann.

5

JULIA FRANK ODER DIE RÜCKKEHR NACH BADEN-BADEN

Die Geschichte von Julia Frank ist ungewöhnlich und gleichzeitig typisch für manche behütete junge Frau im 19./20. Jahrhundert, die wesentlich mehr wollte, als eine gutbürgerliche Erziehung und sich mutig und kraftvoll emanzipierte. Auch hier in Baden-Baden geschah dies.

Julia Frank (1886–1980), aufgewachsen als zweite Tochter des Gipsermeisters und Stuckateurs Franz Frank, geht nach dem Besuch der Klosterschule vom Heiligen Grab auf ein Internat für höhere Töchter in Luzern. Sie wird in zahlreichen – teils akademischen – Fächern unterrichtet, wobei der Unterricht in Deutsch, Italienisch, Englisch und Französisch abgehalten wird. Diese Sprachen werden von den Schülerinnen selbst in ihrer Freizeit gesprochen und damit vertieft. Kunst und Musik spielen ebenfalls eine wesentliche Rolle bei der Ausbildung der jungen Damen. Julia kehrt aufs Beste gerüstet zurück nach Baden-Baden, um in das gesellschaftliche Leben eingeführt zu werden.

Doch die Aussicht auf eine Heirat, das Dasein in einem langweiligen goldenen Käfig, ist für Julia nicht verlockend. Sie wünscht sich berufstätig zu sein und eigenständig zu leben. Immer wieder zieht es sie daher in den folgenden Jahren zur Weiterbildung zurück in das Mädchenpensionat in der

Schweiz. 1911, Julia ist 25 Jahre alt, wagt sie den Sprung in die Weltstadt Paris, um als Privatlehrerin oder Erzieherin zu arbeiten. Sie entflieht nicht zuletzt dem Kummer über ihre erste große Tanzkursliebe Oskar Herr, der zur Ausbildung nach England geht. Dessen Vetter Paul Herr nimmt die Gelegenheit wahr, ihr seine Liebe zu gestehen. Mit ihm entwickelt sich ein stetiger und reger Briefkontakt, durch den Julias Leben in vielen persönlichen und beruflichen Details gut überliefert ist. Ein ungewöhnliches zeitgenössisches Dokument.
Paris als die wohl wichtigste Kulturhauptstadt Europas zu Beginn des 20. Jahrhunderts überwältigt die junge Frau und lässt sie an einem Leben teilhaben, dessen kulturelle Vielfalt, aber auch Vergnügen und Versuchungen weltweit wohl kein zweites Mal zu finden sind. Trotz der Möglichkeiten, die das berauschende Leben der Großstadt bietet, verliert Julia Frank ihr Ziel nicht aus den Augen und tritt bereits nach wenigen Wochen ihre erste heiß ersehnte Stelle als Erzieherin der drei Töchter der Vicomtesse de Lastic an. Aufgrund ihrer ausgezeichneten Qualifikationen wird sie bereits nach zwei Monaten von Gräfin Sampieri abgeworben und steht für die nächsten anderthalb Jahre im Dienst einer der angesehensten Familien der gehobenen Gesellschaft. In dieser Anstellung sind ihr ihre ausgezeichneten Fremdsprachenkenntnisse ebenso wie ihre freundliche Art und ihr ausgeglichenes Wesen von großem Vorteil.
Als Erzieherin der kleinen Claude, mit der ihre Vorgängerinnen offensichtlich nicht so gut zurechtkamen, verlebt sie luxuriöse Aufenthalte in Biarritz, Trouville und im Chateau Champs in der Nähe von Paris. Sie besucht mit Claude den Luna-Park, einen der ersten Vergnügungsparks in Europa, der nach amerikanischem Vorbild seine Besucher mit Wasserrutschen, Achterbahnen, einer Fahrt zum Mond und verschiedenen Theater- und Revue-Programmen in seinen Bann schlägt.

Im Herbst 1913 wechselt sie erneut die Stelle und wird die Erzieherin des kleinen Michel bei der Herzogin von Elchingen. Es gelingt ihr nicht nur, das Herz des verwöhnten Knaben zu gewinnen, sondern ihn mit sanfter, aber sicherer Hand zu führen. In dieser Zeit lernt sie Chantilly, St. Moritz und Menton kennen, bevor sie im Sommer 1914 ihren Jahresurlaub in Baden-Baden antritt. Sie ahnt nicht, dass ihr Leben bei den Schönen und Reichen damit ein Ende nimmt. Mit dem Kriegsbeginn am 28. Juli und der Kriegserklärung des Deutschen Reiches an Frankreich am 2. August ist eine Rückkehr nach Paris unmöglich.
Julia Frank wird zur Krankenschwester ausgebildet und beginnt ihren Dienst als Lazarettschwester im Kriegswinter desselben Jahres. Zurück in Baden-Baden vertieft sich das Verhältnis zu Paul Herr, zu dem der Briefkontakt nie abgerissen ist und der als Oberrealschullehrer nicht zum Kriegsdienst einberufen wird. Sie heiraten im Jahr 1916.
Trotz der unglücklichen Umstände, die Julia Franks Rückkehr nach Baden-Baden bedingen, hadert die junge Frau nicht mit ihrem Schicksal. Sie führt eine glückliche Ehe in gegenseitiger Liebe und Wertschätzung. Sie bleibt anderen Ländern und neuen Gedanken gegenüber aufgeschlossen, erwirbt nach dem Ende des Zweiten Weltkrieges eines der ersten deutschsprachigen Yoga-Bücher, kauft ihrer lange Zeit nur Röcke tragenden Enkelin eine Jeans und behält bis zum Lebensende ihre freundliche, zugewandte Art bei. Im Alter von mehr als 90 Jahren legt sie sich zum Schlafen ins Bett und wacht am nächsten Morgen nicht mehr auf.
Julia Franks Lebensgeschichte ist durchaus zeittypisch und viele Literaten beschäftigten sich mit den manchmal tragischen Lebensverläufen junger Frauen. Zu den bekanntesten gehören z. B. Theodor Fontane oder Henrik Ibsen. Dagegen zu Unrecht

nahezu in Vergessenheit geraten ist der Schriftsteller Otto Flake, der als Kind deutscher Eltern 1880 im elsässischen Metz auf die Welt kam. Bevor er sich in seiner zweiten Lebenshälfte in Baden-Baden niederließ, wo er bis zu seinem Tod im Jahr 1963 lebte, prägten Reisen und Aufenthalte in ganz Europa seine Weltsicht und seine schriftstellerischen Arbeiten. Zu seinem umfassenden literarischen Werk kamen viele Schriften aus seiner Zeit als Journalist und Korrespondent hinzu, ebenso zahlreiche Auftragsarbeiten.

Einer seiner wohl wichtigsten und bis heute bei S. Fischer erhältlichen Romane, den er im schicksalsschweren Jahr 1933 schrieb, ist *Hortense* oder die *Rückkehr nach Baden-Baden*. In diesem Buch schildert Flake das Leben einer jungen Frau in der Mitte des 19. Jahrhunderts, die vor einer bevorstehenden Ehe flieht, indem sie die Kurstadt bei Nacht und Nebel verlässt – für damalige Verhältnisse skandalöserweise in Begleitung eines jungen Mannes! Ihre Flucht führt sie nach New York, Paris, London und Florenz, also in die großen Kulturzentren der damaligen Zeit. Sie kehrt aber schließlich zurück nach Baden-Baden, wo sie nach zahlreichen Beziehungen und Schicksalsschlägen der letzten großen Liebe ihres Lebens begegnet und ihre Heimatstadt außerdem als Gast von Pauline Viardot und Iwan Turgenjew in ihrer Glanzzeit als Salon Europas erleben darf. Das Schicksal der von einem historischen Fall inspirierten jungen Frau, der Otto Flake bei der Recherche zu seinem Buch in der Stadtzeitung Badeblatt begegnet ist, zeigt eine gesellschaftlich unangepasste Protagonistin, die sich treu bleibt und ihren Lebensweg selbst bestimmt. Ob Otto Flake Julia Frank kannte und inwieweit sie einen Einfluss auf seine fast eine Jahrhundert früher lebende Hortense hatte, ist nicht bekannt.

6

BEI PAULA DAS TANZBEIN SCHWINGEN

Fast ein halbes Jahrhundert lang gab es in Baden-Baden nur eine Tanzlehrerin, die Schülerinnen und Schülern jeden Alters beibrachte, auf dem Parkett eine flotte Sohle hinzulegen: Paula, die Inhaberin der Tanzschule Petershen-Graf. Paula absolvierte in den 30er-Jahren eine Ausbildung zur Bühnentänzerin und gleich im Anschluss als Lehrerin für Gesellschaftstänze. Im Sommer 1939 leitete sie ihren ersten Unterricht. Als aber kurz darauf der Zweite Weltkrieg ausbrach, war es damit vorbei und es begannen schwere Jahre, in denen Tanzkurse und Unterricht verboten waren.

Direkt nach Kriegsende beantragte Frau Petershen-Graf bei der französischen Militärverwaltung eine Genehmigung zur Ausübung ihres Berufes, die ihr dank ihrer französischen Wurzeln umgehend erteilt wurde. Als Kriegerwitwe und Mutter von drei Kindern verfügte sie über wenig finanzielle Mittel und konnte meist nur Nebenzimmer von Gasthäusern anmieten. Mit einem Koffergrammofon als technischer Ausrüstung brachte sie ihren Schülerinnen und Schülern Tanzschritte bei. Neben den Standardtänzen erweiterte sie ihr Repertoire schon bald um lateinamerikanische Schrittfolgen und nahm in den 50er-Jahren den Rock 'n' Roll mit ins Programm. Der neue Stil galt nicht nur in den USA als moralisch bedenklich und wurde vereinzelt sogar gesellschaftlich geächtet. Nicht so beim

Baden-Badener Publikum, das sich sowohl dem Rock 'n' Roll als auch der modernen Kleidung gegenüber sehr aufgeschlossen zeigte. Immer öfter waren die Kurse der jungen Tanzlehrerin ausgebucht, täglich gab es Nachmittags- und Abendkurse. Bald kam ein sonntäglicher Treff hinzu, bei dem man schwofen konnte.
Das alles kostete Paula viel Kraft, ermöglichte ihr aber auch den Aufbau eines festen Tanzstudios, zunächst im Hotel Schwarzwaldhof am Sonnenplatz, dann in der Villa Beck hinter dem heutigen Gutleuthaus. Als nächste Station folgte das Haus 8 am Leopoldsplatz und schließlich und endlich zog sie ins Obergeschoss der Albrecht-Dürer-Straße 1.
Die vielen Ortswechsel waren nötig, da Musik, Tanzschritte und die meist jungen Menschen, die sich vor der Tanzschule versammelten, unbestreitbar einen gewissen Geräuschpegel verursachten. Gleichwohl ging es in der Tanzschule Petershen-Graf streng zu, denn den Schülern wurden nicht nur Tanzschritte, sondern ebenso gesellschaftliche Umgangsformen beigebracht.

Paula war eine von allen Jahrgängen respektierte Autorität, der man sich aber nicht nur ihrer Strenge wegen, sondern auch wegen ihres lakonischen Humors und ihrer ruhigen Würde gerne fügte. Immer wieder gab es den ein oder anderen Mitbewerber, aber Paula war Kult und so pilgerten die Jungen und Mädchen zu ihr. Jahrzehntelang fieberten sie dem Zeitpunkt entgegen, an dem es plötzlich erlaubt war, eine fremde Hand zu halten, beim Engtanz Nähe zu suchen oder einen Tanzabend beim Stehblues mit einer letzte Umarmung ausklingen zu lassen. In jedem Jahrgang fanden Schüler heraus, ob sie ein Rhythmusgefühl oder, zumindest gefühlt, zwei linke Füße hatten und wie schmerzhaft es war, mit einem stabi-

len Tanzschuh auf die Zehen getreten zu werden. Jahr für Jahr wurde so lange geübt, zur Not vor dem Spiegel oder mit einem älteren Geschwister, bis man am großen Tag des Abschlussballs im Benazet-Saal des Kurhauses seine Runden drehte. Möglicherweise fand man einen Partner, der einem im Idealfall ebenso häufig oder selten auf die Füße trat wie man selbst ihm oder ihr.
Der Tanzkurs gehörte einfach zum Erwachsenwerden dazu und wenn man ihn hinter sich gebracht hatte, sah man die Welt mit anderen Augen. Manch einer belegte den Fortgeschrittenenkurs, um mit oder zumindest in der Nähe seiner Herzensliebe weitere Runden auf dem Parkett zu drehen. Bei Paula wurden Beziehungen geknüpft und wieder gelöst, Träume wahr und Herzen gebrochen und bis heute liest man bei so mancher Goldenen Hochzeitsanzeige „Kennengelernt in der Tanzschule" und das hieß in Baden-Baden mit ziemlicher Sicherheit bei Paula.

Doch auch die schönsten Geschichten gehen einmal zu Ende. Bei der Tanzschule Petershen-Graf war das der Fall, als Ende der 80er-Jahre mal wieder ein Mietvertrag auslief und Paula mit inzwischen über 70 Jahren beschloss, dass es an der Zeit ist, den Beruf an den Nagel zu hängen. Es war bereits in den vergangenen Jahren schwieriger geworden, die Kurse voll zu bekommen und im Tanzsaal die Ruhe zu bewahren.
Mit dem Vormarsch der Diskotheken – selbst eingeschworene Paula-Fans gingen mal ins *Labyrinth* in Haueneberstein oder in die Rastatter *Garage* – ging eine Ära dem Ende entgegen, in der das Besuchen einer Tanzschule einfach dazugehörte. So überließ Paula ohne zu hadern das Feld der gerade im Kurhaus neu eröffneten Tanzschule Bergmann, die bis heute ihr Erbe weiterführt.

Und was wohl die wenigsten ihrer Schüler wissen: Die seit Generationen als „Paula" bekannte Tanzlehrerin hieß mit bürgerlichem Namen Adeline Petershen-Graf. Zu dem Namen Paula kam sie so: Als in den 60er-Jahren ein Ehepaar aus Nürnberg nach Baden-Baden zog, buchte es bei Frau Petershen-Graf einen Kurs nach dem anderen und machte ihr eines Tages ein großes Kompliment. Bei ihnen in der fränkischen Heimat gab es nämlich einen Tanzlehrer namens Paul, den sie in höchstem Maß verehrten. Da sie sich in Baden-Baden beim Tanzen aber mindestens genauso wohl fühlten wie bei dem legendären Paul, gaben sie Adeline den Spitznamen Paula, den sie von diesem Tag an führte wie einen Ehrentitel.

7

BELLA ITALIA AM CAPRI-FELSEN

Wer als Gast in Baden-Baden einen Einheimischen nach dem Weg zum Brahmshaus oder zu den Trainingsanlagen des FC Lichtental fragt, dem kann es passieren, dass er zur Antwort bekommt: „Am Capri-Felsen abbiegen und dann noch ein paar Meter." Was zum Glück nicht bedeutet, dass man einen über 1000 Kilometer langen Umweg machen muss. Nein, der Grund ist, dass vor über fünfzig Jahren der erst sechzehn Jahre alte Nicola Colle aus einem kleinen Dorf bei Cortina D'Ampezzo nach Deutschland aufbrach und dort sein Glück fand.
Er kam, wie mehr als drei Viertel aller italienischen Eisdielengründer dieser Zeit, aus den Dolomiten und wollte im Gegensatz zu den meisten seiner Landsleute weder zu Daimler ans Band noch eine eigene Pizzeria eröffnen. Er wollte den traditionsreichen Beruf seiner Väter weiterführen, Eis herstellen und verkaufen. Und das war harte Arbeit.
Nicola Colle begann seine Karriere in der Eisdiele eines Verwandten in Mannheim. Nach einiger Zeit lernte er die aus Baden-Baden stammende Kosmetikerin Edeltraud Bauer kennen und lieben. Die beiden kehrten in die Kurstadt zurück, als in der Maximilianstraße 87 am Clara-Schumann-Platz ein Ladenlokal zu vermieten war.
Schon bald stand die eigene Eisdiele kurz vor der Eröffnung und beim Namen entschied man sich für Capri. Das klang gut und mit diesem kurzen Namen sparte man Geld für die Lichtreklame über dem Eingang, die mit jedem einzelnen Buchsta-

ben teurer wurde. Schnell sprach sich herum, dass die Eissorten im Capri ganz besonders köstlich schmeckten, wobei nicht zuletzt Edeltrauts Herkunft aus Oberbeuern zum Erfolg der Gelateria beitrug. Über die Sorten Erdbeer, Schokolade und Vanille hinaus lockte die Auswahl nicht nur die Baden-Badener, sondern auch Ausflügler und Kurgäste an.
Die Schüler und Schülerinnen der beiden nahe gelegenen Grundschulen hatten nun die Qual der Wahl. Bisher hatten sie ihr Taschengeld in Brausetabletten und Schaummäuse für einen oder zwei Pfennig investiert, wie sie der Gemischtwarenladen Hagel in der Maximilanstraße anbot. Oder sie ließen sich von einer Eiskugel beim Bäcker Seitz für zehn Pfennig in Versuchung führen. Mit der Eröffnung der Gelateria konnten sie zwar teurere, aber unvergleichlich bessere „Eisbollen" für 20 Pfennige kaufen. Wer gar ein leckeres Spaghettieis essen wollte, musste dafür sparen.
Ganz gleich für welches Eis man sich entschied, am besten schmeckte es, wenn man mit der eiskalten Köstlichkeit die neben dem Café gelegene Felsformation hinaufstieg und sich das Eis im warmen Sonnenschein langsam auf der Zunge zergehen ließ. Auf dem Gipfel des Capri-Felsens schmolzen die Sorgen gemeinsam mit dem Eis dahin. Ganz gleich, ob man eine Klassenarbeit verpatzt, sich mit dem besten Freund gestritten oder die Knie blutig geschürft hatte. Wen wundert es also, dass das Capri mehr und mehr zum Treffpunkt für Genießer jeden Alters wurde.
Anfang der 80er-Jahre zog Familie Colle ins Stadtzentrum. An der sonnenverwöhnten Fieserbrücke zwischen Leopoldsplatz und Kurhauskolonnaden fand sie den idealen Standort, um Gäste von nah und fern mit ihren Eiskreationen zu verwöhnen. Nicht zuletzt die nach Familienrezepten zubereiteten Kuchen und Torten verhalfen der Eisdiele zu ihrem guten Ruf. Das

Capri öffnete früh und war bald ein Treffpunkt für Geschäftsleute und Kongressbesucher, die dort ihren morgendlichen Cappuccino tranken oder den Eiskaffee in der Mittagspause genossen. Die Prominenz blieb auch nicht aus. Im Erinnerungsalbum der Familie Colle findet man Fotos von Berühmtheiten wie John Travolta, Reinhard Mey, Stephan Remmler von der Popgruppe Trio und dem als Privatdetektiv Matula unvergessenen Claus Theo Gärtner.

Ende der 90er war es so weit, Nicola Colle übergab die Leitung des Unternehmens an seinen Sohn. Claudio half bereits als kleiner Junge mit großer Begeisterung im Betrieb mit und schien die Leidenschaft und Geschäftstüchtigkeit seiner Eltern geerbt zu haben. Jahr für Jahr perfektionierte er die Rezepturen der Eissorten und fügte immer neue Sorten hinzu. Inzwischen hat er mit vier Standorten in Baden-Baden und Umgebung ein kleines Eisimperium geschaffen, in dem über fünfzig Mitarbeiter, darunter zehn Konditoren, beschäftigt sind. Seine gelungenste Kreation der letzten Jahre ist für ihn seine perfekt ausgewogene Schoko-Orange-Ingwer-Mischung. Die Eisliebhaber sind gespannt auf die nächste kulinarische Köstlichkeit, denn auch wenn Eis schmilzt, so genießt man doch Glück in (Eis-)Tüten!

8

JE OLLER, DESTO DOLLER! DAS BADEN-BADENER OLDTIMER-MEETING

Bei der Teilnahme an der ersten Europa-Außenminister-Konferenz im Sommer 1953 bezeichnete der französische Politiker Georges Bidault, der damals im Gästehaus des französischen Oberbefehlshabers in der Villa Mariahalden logierte, die Kurstadt als la ville souirante, die lächelnde Stadt. Als der in Marseille geborene und in Marokko aufgewachsene Jean Marc Culas Ende der 1960er-Jahre zum Militärdienst nach Baden-Baden versetzt wurde, schien ihn die Stadt nicht nur angelächelt, sondern geradezu angestrahlt zu haben. Er sollte nämlich in der und an die Stadt sein Herz verlieren und sie dafür mit einem Event beschenken, das Jahr für Jahr Tausende von Besucher anlockt.

Culas arbeitete in der Pressestelle in der Cité, als ihm eines Tages eine französische Lehrerin der Militärschule ihr Leid klagte: Ihr verstorbener Mann hatte ihr eine Limousine hinterlassen, mit der sie überhaupt nichts anfangen konnte. Ein Blick auf das Auto, einen Citroën Traction Avant in beklagenswertem Zustand, den man aufgrund seiner Robustheit und Zuverlässigkeit am ehesten als Fluchtauto aus Gangsterfilmen kannte, genügte, um das Herz des jungen Autonarren höher

schlagen zu lassen. Viel Geld hatte er nicht, trotzdem wurde man sich handelseinig. Die Restaurierung, bei der Jean Marc Culas von einem guten Freund unterstützt wurde, war mühevoll und zeitintensiv. Endlich aber strahlte das Automobil wieder im neuen Glanz. Stolz präsentierte Culas das Prachtstück bei Ausfahrten und Fahrer und Fahrzeug ernteten zahlreiche bewundernde Blicke.
Vielleicht ohne es zu ahnen, hatte sich Culas genau den richtigen Ort für seinen Auftritt ausgesucht, denn die Kurstadt kann auf eine eindrucksvolle Autogeschichte zurückblicken. Schon im Jahr 1883 präsentierte Carl Benz auf dem Baden-Badener Waldsee ein Motorboot und danach auf den Gleisen des Bahnhofs eine motorgetrieben Draisine. Zu Beginn des 20. Jahrhunderts konnte man im Anschluss an die regelmäßig stattfindenden Prüfungsfahrten von Mannheim nach Baden-Baden in der Innenstadt prächtige Autokorsos bestaunen. In den 20er-Jahren lockten schließlich Automobilturniere mit Bergfahrt, Geschicklichkeitsprüfung und Schönheitskonkurrenz wagemutige Fahrer und Fahrerinnen sowie zahlreiche Gäste an. Nach dem Zweiten Weltkrieg fanden vor dem Kurhaus prächtige Automobilparaden statt, auf denen die neuesten Modelle präsentiert wurden.

Culas knüpfte bald Kontakt zu anderen Oldtimerbesitzern aus Stadt und Region und so fand 1977 das 1. Baden-Badener Oldtimer-Treffen statt. Es nahmen immerhin 35 historische Fahrzeuge teil, die von etwa 1000 Besuchern bestaunt wurden. Selbstredend, dass man sich bei einem solchen Erfolg nicht mit einer einmaligen Veranstaltung zufriedengeben wollte. Ebenfalls selbstredend, dass bei dem Organisationstalent des charismatischen jungen Franzosen und seiner Fähigkeit, Netzwerke zu knüpfen und zu pflegen, die Zahl der Gäste

und Teilnehmer Jahr für Jahr wuchs. Inzwischen nehmen jährlich über 350 Fahrzeuge teil und locken an den drei Veranstaltungstagen, die von einem opulenten Programm eingerahmt sind, circa 20 000 Besucher aus ganz Europa in die Kurstadt.
Immer wieder gelingt es den Veranstaltern, einen ganz besonderen Coup zu landen, wie etwa im Jahr 2009 bei der Präsentation des Bugatti Royale Coupé Napoleon, der gegen die Versicherungssumme von 15 Millionen Euro aus dem Schlumpf-Museum in Mulhouse in einem eigens aufgebauten, Tag und Nacht bewachten Zelt bewundert werden konnte. Von diesem Modell, das als die Mona Lisa des Autobaus gilt, wurden nur sechs Exemplare angefertigt. Es zählt zum internationalen Weltkulturerbe und wurde der Öffentlichkeit außerhalb Frankreichs bisher nur dieses eine Mal zugänglich gemacht!

Ebenso spektakulär war es, als zum 111-jährigen Rolls-Royce-Jubiläum ebenso viele Autos dieser Marke an die Oos geholt wurden, darunter das legendäre vergoldete Auto Zsa Zsa Gabors und der zu einem Jagdauto umgerüstete Wagen eines indischen Maharadschas.
Trotz solcher Highlights sah Jean Marc Culas das Oldtimermeeting nie als elitäre Veranstaltung, sondern viel eher als ein großes Freunde- und Familientreffen, bei dem der liebevoll restaurierte VW-Käfer, in den ein Privatmann seinen letzten Cent und ungezählte Arbeitsstunden gesteckt hatte, neben dem unbezahlbaren Aston Martin eines wohlhabenden Sammlers steht und die Besitzer bei einem Gedankenaustausch auf Augenhöhe das Leben und das Beisammensein feiern.
Zu Beginn der 1980er-Jahre verwirklichte der Franzose sein zweites Großprojekt. Bei einer fulminanten Auftaktveranstal-

tung versammelten sich 93 Heißluftballons zu Europas größtem Ballonfahrer-Treffen. Ehrengast der Veranstaltung war kein geringerer als Jean-Ives de Montgolfier, ein direkter Nachkomme der ersten Aeronauten der Menschheitsgeschichte. Es folgten zahlreiche weitere Treffen und als Zeichen der tiefen Verbundenheit zwischen den beiden Ländern fanden für die Teilnehmer beider Veranstaltungen Jahr für Jahr Fahrten durch den Schwarzwald und das benachbarte Elsass statt.

Im Herbst 2011 verlor die Kurstadt ihren bereits von schwerer Krankheit gezeichneten Bürger, dessen Erbe seitdem unverändert erfolgreich und ganz in seinem Sinne von Sohn Marc weitergeführt wird. Jean Marc Culas wird der Stadt Baden-Baden, ihren Bürgern und Gästen und vor allem den Teilnehmern des Oldtimer-Meetings noch lange in Erinnerung bleiben als einer, der seine Träume Wirklichkeit werden ließ, einer, der sein Leben im Großen wie auch im Kleinen zu feiern wusste, sein persönliches Glück mit unzähligen Menschen geteilt und seiner Heimatstadt vielfach zurückgegeben hat.

9

DIE STADT MUSS AN DIE FRISCHE LUFT

Die malerische Schwarzwaldhochstraße als eine der bekanntesten Touristikstraßen Europas, führt auf ihren 60 Kilometern Länge von Freudenstadt nach Baden-Badenund durch eines der wichtigsten Naherholungsgebiete für die Bewohner der Kurstadt und ihre Gäste. Nur eine gute Viertelstunde Fahrzeit braucht es beim Start in Lichtental bis zu den ersten atemberaubenden Aussichten vom Herthafelsen am Plättig.
Einige Kilometer weiter locken das ganze Jahr über herrliche Wanderstrecken um die Badener Höhe und die Hornisgrinde. Dazu der als Perle des Nordschwarzwalds bezeichnete Mummelsee, die bereits im 19. Jahrhundert als Pilgerstätte der Romatik bekannte Klosterruine Allerheiligen und das Naturschutzzentrum Ruhestein mit dem nahe gelegenen Schliffkopf, von dem aus man bei gutem Wetter einen Blick auf die Alpen erhaschen kann. Viele gute Gründe also für einen Abstecher!

Aber so schön der Ausflugstag auch gewesen sein mag, der Rückweg war über viele Jahre eine Quälerei. Die Zahl der Tagesbesucher war so hoch, dass sich eine kilometerlange Blechlawine durch Ortsteile und Innenstadt hindurch bis zum Autobahnzubringer wälzte. Das war nicht nur eine Geduldsprobe für die im Schritttempo vorankommenden Ausflügler, sondern auch eine Zumutung für die Anwohner, die Wochenende für Wochenende Lärm und Abgase ertragen mussten.

Selbst als zumindest die Baden-Badener dazu übergingen, die Schwarzwaldhochstraße nur noch in Ausnahmefällen und schon gar nicht an Wochenenden zu befahren, war das Verkehrschaos vor allem an Sonn- und Feiertagen vorprogrammiert.
Wie zum Beispiel im Fall einer englischen Reisegruppe, die bei einem der regelmäßig stattfindenden Austauschtreffen mit einer Baden-Badener Kirchengemeinde unbedingt am Abreisetag einen Sonnenaufgang am Mummelsee erleben wollte. Ein kleiner Teil der Besucher aus Nottingham wähnte sich als Frühaufsteher am Sonntag und mit einem Flug, der in Frankfurt erst am frühen Abend startete, auf der sicheren Seite, als sie mit dem PKW losfuhren. Der Reisebus wartete um 12 Uhr zur Abfahrt an der kleinen Kirche in der Innenstadt, als die ersten Staus auf der nahe gelegenen Hauptverkehrsstraße Böses ahnen ließen. Das Wetter hatte abrupt umgeschlagen und gemeinsam mit den englischen Gästen und ihrem einheimischen Fahrer beschlossen zahlreiche andere Ausflügler, dem Schwarzwald früher als geplant den Rücken zu kehren.
So blieb den am Bus Wartenden nichts anderes übrig, als einen laufenden Boten den Stau entlang zu schicken, der die fehlenden Besucher nach einer halben Stunde auf der Straße in Geroldsau ausmachte, wo sie sich nicht einmal im Schritttempo vorwärtsbewegten. Die einzige Lösung bestand darin, mit der Kleingruppe die knapp vier Kilometer zurück in die Stadt zu laufen, von wo aus der Bus mit fast zwei Stunden Verspätung und über Umwege die Autobahn erreichte, sodass der Flieger ins Vereinte Königreich gerade noch eben bestiegen werden konnte!
Selbst ohne stark erhöhten Ausflugsverkehr konnte es auf der für Motorradfahrer sehr beliebten Strecke leider und besonders im Frühjahr wegen der Unfälle zu kilometerlangen Staus kom-

men - ein Zustand, der nicht mehr zu halten war. Spätestens nachdem Mitte der 70er-Jahre bei einer Prüfung der Verkehrsbelastung auf dem Leopoldsplatz die Abgasmessung eine höhere Belastung als in der Innenstadt von Dortmund ergab, war klar, dass es so nicht mehr weitergehen konnte.

Für Abhilfe sollte zu Beginn der 1980er-Jahre zunächst der Bau des Schlossbergtunnels sorgen, der wenigstens einen Teil der Automassen ums Zentrum herum ins Murgtal oder auf die Autobahn führte. An den meisten Schönwetterwochenenden war das aber nicht mehr als ein Tropfen auf den heißen Stein. Am 26. Juli 1986 fiel mit der ersten Sprengung der Startschuss für den 2544 Meter langen, vom Alten Krankenhaus an der Russischen Kirche bis zum Alten Bahnhof führenden, Michaelstunnel. Eine nachhaltige Lösung für die Stadt mit dem längsten ausschließlich in Baden-Württemberg verlaufenden Straßentunnel. Drei Jahre dauerten die Arbeiten, die zur Erleichterung aller ohne Komplikationen über die Hauptthermalspalte Baden-Badens hinweggeführt werden konnten, deren Unversehrtheit für die Badestadt von äußerster Wichtigkeit war.
Auch alle anderen mit dem Bau verbundenen Maßnahmen verliefen dank exakter Planung und unter Einsatz neuester Technik reibungslos. Wer in dieser Zeit an einer der öffentlichen Führungen teilnahm - oder dort auf eigene Faust herumgeisterte - und in den Tiefen des entstehenden Tunnels unterwegs war, kam aus dem Staunen nicht mehr heraus: Unter der Stadt verlief nicht nur die 4,50 Meter hohe Hauptröhre, sondern auch Lärm und Abgase ableitende Seitentunnel, Werkzeuggänge und an den überraschendsten Stellen ins Freie führende Fluchttunnel.
Am 5. Dezember 1989 war es endlich so weit: Mit der feierli-

chen Eröffnung des Tunnels konnten von diesem Moment (bis auf Sanierungs- und Nachrüstungsarbeiten in den Jahren 2006 und 2012) Tag für Tag rund 20.000 Fahrzeuge das Zentrum der Stadt bequem umfahren. Das Glück der Zeitersparnis währt bis heute: Wer in die Innenstadt will, dem bleiben lange Wartezeiten in der Blechlawine erspart. Benannt ist der Tunnel übrigens nach Michael Stourdza, einem moldauischen Fürst und Ehrenbürger Baden-Badens, dessen Grabkapelle, nicht weit von Trinkhalle und Kurhaus entfernt gelegen, zu den versteckten Sehenswürdigkeiten der Stadt gehört.

10

VORHANG AUF FÜR EIN GANZ BESONDERES ENSEMBLE

Trotz Routine – die meisten Schauspieler sind vor der Aufführung aufgeregt, leiden gar unter Lampenfieber. Der Drang, noch einmal kurz auszutreten, während das Publikum in den Aufführungsraum strömt und ein paar klangvolle Worte zur Einleitung gesprochen werden. Die wie Sirup dahinfließende Zeit, bis sich der Vorhang öffnet. Der aufwallende Adrenalinschub, wenn man ins Rampenlicht tritt und in dem leer gefegten Kopf wieder alle Sätze auftauchen, die zur eigenen Rolle gehören. Das in jede Faser des Körpers strömende Glück, wenn der aufbrandende Applaus der Zuschauer am Ende des Stückes die verdiente Belohnung für monatelange Anstrengungen ist. Und wer das einmal erlebt hat, behält dieses Gefühl vielleicht für immer in sich.
Ende der 1970er-Jahre ließ sich am ehrwürdigen, altsprachlichen Gymnasium Hohenbaden beim besten Willen kein Deutsch- oder Musiklehrer finden, der die vor Jahren zur Ruhe gekommene Theater-AG neu hätte beleben können. Daran hätte sich ohne das Engagement des damaligen Direktor Dr. Egon Messmer wohl kaum etwas geändert. Er gab sich nicht damit zufrieden, dass er innerhalb des Kollegiums keine geeignete Person fand, und begann außerhalb der Schule zu suchen. Der Versuch die Mutter eines Schülers, die am SWR, damals noch SWF, als Schauspielerin tätig war, als Leiterin anzuheuern,

scheiterte. Aber auch wenn sie selbst die Aufgabe ablehnte, so erklärte sie, gäbe es doch einen Kollegen, von dem sie wüsste, dass er nicht nur Zeit, sondern auch Lust hätte, mit jungen Menschen zu arbeiten.
Und so hatte die neu entstandene Theater-AG mit dem Grimme-Preisträger, Regisseur und Dramaturgen Michael Füting einen Leiter, der den Schülern ihren Herzenswunsch erfüllte: „Wir wollen einfach nur Theater spielen!" Aber damit nicht genug, denn was sich unter seiner Ägide in den nächsten Jahren an dem humanistischen Gymnasium entwickelte, sollte zu einem Fundament werden, auf dem die AG in den kommenden Jahren und Jahrzehnten sicher stehen konnte. Fütings Credo war, dass jeder Mensch mehr oder weniger gut Theater spielen könne, wenn ihm nicht Angst oder Scham im Weg stehen. Einen ebenso großen Stellenwert hatte es für ihn, dass ein Text nicht bereits fest einstudiert war, bevor die erste Probe begann. Die jungen Schauspieler sollten ihre Rolle über Improvisation und Hineinspüren entwickeln, nicht in erster Linie über Regieanweisungen.

Aus Zeitgründen übergab Füting die Leitung der Gruppe an den ehemaligen Schüler Tilmann Knopf, der die Gründungsphase und Entwicklung der AG von Anfang an miterlebt und gelenkt hatte. Und siehe da, das Wagnis gelang! Auch ohne einen „Erwachsenen" an der Spitze zeigten Regisseur und Ensemble, dass sie in der Lage waren, die in sie gesetzten Hoffnungen und Erwartungen mehr als nur zu erfüllen und die Mammutaufgabe zu bewältigen.
Sie hatten gelernt, dass selbst bei noch so großer Begabung oder einer Rolle, die einem auf den Leib geschrieben schien, die Leistung der Gruppe wichtiger ist als die Leistung des Einzelnen. Sie hatten gelernt, um Hilfe zu bitten und Hilfe anzu-

nehmen. Und sie hatten miterlebt, wie eine Gruppe aus Einzelgängern zusammenwuchs und ein Wir-Gefühl entstand, das stark genug war, um weit über eine Inszenierung hinaus zu halten. Mindestens ebenso wichtig war, dass sie die Erfahrung gemacht hatten, wie es sich anfühlte, ein Theaterstück mit allem was dazugehört, auf die Beine gestellt zu haben.
Über die Proben und die Inszenierung hinaus gab es viel zu tun, bis sich der Vorhang zum ersten Mal für die Zuschauer öffnete. Da galt es Bühnenbilder zu erstellen, Kostüme zu schneidern, Ton und Technik reibungslos in die Szenen zu integrieren, ein Programm zu erstellen, die zum Teil immensen Kosten über Einnahmen aus Werbung und Brötchenverkauf in der Pause aufzufangen und die Kommunikation mit der Presse und dem Lehrerkollegium nicht zu vernachlässigen. Vor allem aber lernten sie, mit der Verantwortung umzugehen, die damit einherging, dass man den Schulschlüssel ausgehändigt bekam und das Schulgebäude außerhalb der Schulzeit betreten und benutzen durfte.
In den 80er-Jahren, und selbst heute noch, war ein solches Projekt alles andere als selbstverständlich und weit über den kreativen Aspekt hinaus eine großartige Möglichkeit der persönlichen Weiterentwicklung.

Im Jahr 1985 kam es zur nächsten Bewährungsprobe, als der schulische Nachwuchs und die leitende Hand Tilmann Knopfs fehlte. Dem Engagement von Barbara Wissler und Francesco Mammone war es zu verdanken, dass schon im Juni 1986 das nächste Stück von Presse und Publikum gefeiert wurde. Im Alleingang gelang es Mammone ein ums andere Mal, die Gruppe beisammenzuhalten. Vor jedem Stück ging er, von manchen Schülern bereits aufgeregt erwartet, in allen Klassenstufen des Gymnasiums auf Talentsuche.

Außerdem wurde in der AG in dieser Zeit zum ersten Mal mit einer Regieassistenz gearbeitet, was die Organisation der Proben nachhaltig erleichterte. Darüber hinaus sorgte die Regieassistenz dafür, dass, als der Lebensweg den Leiter der Theater-AG aus der Kurstadt wegführte, sich mit Axel Dürr ein Nachfolger aus den Reihen des Ensembles fand, der den Staffelstab nahm.
Und so sollte es weitergehen, bis zum 40-jährigen Bestehen im Jahr 2020 die stolze Zahl von 32 Inszenierungen, 24 Regisseurinnen und Regisseuren und vielen Hunderten von Schauspielern und Helfern erreicht war. Die AG hat in diesen vier Jahrzehnten regionale und überregionale Auszeichnungen gewonnen und Gastspiele im Theater Baden-Baden, aber auch in Rastatt, Karlsruhe und Metzingen gegeben. Sie hat Schauspieler und Regisseure hervorgebracht, die diesen Beruf nach wie vor ausüben und – das ist sicherlich das Wichtigste – wohl jedem, der dieser ganz besonderen Gruppe angehören durfte, Glück und Erfahrungen geschenkt hat, die ein ganzes Leben lang nachwirken.

Letzten Endes ging es in dieser AG doch immer auch darum, gemeinsam Spaß zu haben, in der Schule freiwillig an etwas zu arbeiten, wofür es keine Noten gab. Sich gegenseitig zu motivieren, andere für Ideen zu gewinnen, zu überzeugen, mitzuarbeiten, sich auszuprobieren, seine Talente einzubringen, zu malen, zu organisieren oder auf der Bühne zu stehen. So ist diese Theater-AG bis heute ein Glücksfall und bleibt es hoffentlich für viele weitere Jahrzehnte.

11

DIE HÜTE DES OLIVIER MAUGÉ

Nach vielen Jahren des langsamen, aber stetigen Aufstiegs hatte Baden-Baden es in der Mitte des 19. Jahrhunderts geschafft: In der Kurstadt trafen sich die Adligen, Reichen und Schönen. Bäder, Spielsäle und die malerische Umgebung lockten neue Gäste in Scharen. Mit Jacques Bénazet und seinem Sohn Edouard lenkten zwei Männer das Geschick des Ortes mit schlafwandlerischer Sicherheit in die richtige Richtung. Dass die beiden Franzosen sich mit Öffentlichkeitsarbeit und Marketing aufs Beste auskannten, zeigte sich in dem 1847 erschienenen und von Jacques Bénazet in Auftrag gegebenen Reiseführer L'été à Bade, in dem unter anderem zu lesen stand: „Falls ein Unwissender fragt, was die Hauptstadt Europas sei, würde man ihm antworten: Davon hat Europa zwei: Eine Winterhauptstadt: - Paris; Eine Sommerhauptstadt: - Baden-Baden. Das ist der Grund, warum Sie, wenn der Monat Mai kommt, überall wiederholte Rufe mit dem melodischen Echo hören: Lasst uns nach Baden-Baden gehen!"
Dieser Ruf verhallte nicht ungehört und in den kommenden Jahren strömten die Gäste nach Baden-Baden, während die Einnahmen aus dem Kur- und Casinobetrieb die Stadt stetig reicher und prächtiger machten. Kein Wunder also, dass die Eröffnung der Galopprennbahn Longchamps bei Paris im Jahr 1857, die sich rasch zum Publikumsmagneten entwickelte, in der Kurstadt genau beobachtet wurde. Edouard Bénazet

machte sich postwendend auf die Suche nach einem geeigneten Gelände und wurde im nahe gelegenen Iffezheim fündig. Wenig später unterzeichnete er beim damaligen Bürgermeister der kleinen Gemeinde Severin Schäfer einen Pachtvertrag und begann mit der Errichtung von Tribünen und Funktionsgebäuden für 300.000 Francs, einem Teil der Einnahmen aus dem florierenden Glücksspiel in seinen Casinos.

Mit Wilhelm I., der gemeinsam mit seiner Gattin Kaiserin Augusta als Dauergast, Schutzpatron und Gönner auftrat, und den wohlhabenden und an neuen Attraktionen interessierten Sommergästen, ließ der Erfolg nicht lange auf sich warten. Auch wenn in einem der ersten Rennen, im Eröffnungs-Meeting 1858, die Stute Amazone des Freiherrn von Gemmingen den Preis von Schloss Favorite noch im „walkover", also ohne Konkurrenz, gewann, drängten Pferde, Jockeys und Besitzer schon bald in das neue Mekka des Pferderennsports.
Die großen und erfolgreichen Rennställe Frankreichs schickten ihre besten Pferde zum „Großen Preis von Baden", was der Rennbahn mit dem Beginn des Deutsch-Französischen Kriegs 1870 beinahe zum Verhängnis wurde. In den kommenden Jahren und Jahrzehnten war die Galopprennbahn nur noch ein Schatten ihrer selbst und konnte erst nach dem Zweiten Weltkrieg wieder zu altem Glanz zurückkehren.

Allmählich erholte sich die Rennbahn und bis in die 90er-Jahre des 20. Jahrhunderts verzeichnete der Internationale Club Erfolge und Zuwächse, bevor der steuerlich bedingte Rückgang der Wetteinnahmen die Rennbahn und den Club in eine wirtschaftliche Schieflage brachte. Nach der Insolvenz gelang es Dr. Andreas Jacobs und Herrn Paul von Schubert, mit Baden Racing den Standort Iffezheim wieder auf Spur zu bringen und

als Rennbahn Nr. 1 in Deutschland zu behaupten und auszubauen.
Ganz gleich ob im 19., 20. oder 21. Jahrhundert - auf eines kam es in Iffezheim neben dem Pferdesport stets an: sehen und gesehen werden. Kein Wunder also, dass die Zeit der Großen Woche und später des Frühjahrsmeetings sowie des Sales & Racing Festivals genutzt wurde, um sich als Besucher oder Besucherin in Bestform zu präsentieren.
Dazu zählten auf und um den Turf neben der Garderobe die Kopfbedeckungen. Nirgendwo sonst kann man eine so bunte und oft atemberaubende Vielfalt an Hüten sehen wie auf der Rennbahn in Iffezheim. Hier lassen sich beim Anfeuern der Favoriten nebeneinander mal die schlichte Eleganz einer einfachen Stoffkappe, der mit Spielzeugpferden aufgemotzte Strandhut und hochpreisige Unikate der besten europäischen Hutmacher bestaunen.

Hinter vielen der extravagantesten und raffiniertesten Kopfbedeckungen steckt übrigens ein Baden-Badener: Olivier Maugé, der nach einer klassischen Schneiderlehre, dem Studium an der Pariser Haute-Couture-Schule und dem Besuch der Prêt-à-Porter-Schule das elterliche Stoffgeschäft in der Innenstadt übernahm und daraus einen der außergewöhnlichsten Modetempel der Welt machte.
Es begann mit Kollektionen, die er zunächst peu à peu auf Laufstegen im Kurhaus und Brenners Parkhotel präsentierte. Schon bald waren seine jährlich zwei Kollektionen, die er gemeinsam mit seinem Partner Carlos Perfecto entwarf, weit über die Landesgrenzen hinaus bekannt. Oliver Maugés schier unerschöpfliche Kreativität, vereint mit seinem intuitiven Gespür für Stoffe und Materialien, brachten ihm rasch den Titel als Hut-Papst ein und als solcher wurde er öfter besucht und konsultiert.

Längst nicht nur zu den beiden Großen Rennbahn-Meetings, sondern auch zu Jubiläen, Hochzeiten und Sommer-Events waren Kunden aus aller Welt zu Gast in seiner Boutique in der Baden-Badener Fußgängerzone. Auf zwei Etagen finden sich Kleider, Hüte und Tausende von Metern der erlesensten Stoffe, die man sich vorstellen kann.

Das Herzstück des Unternehmens ist die Werkstatt. Dort werden oft unter großem Zeitdruck und zum Teil sogar über Nacht am Kunden im Anprobe-Séparée abgesteckte Kreationen in Handarbeit und perfekter Passform hergestellt. Rund um die Uhr und wenn es sein muss an sieben Tagen in der Woche wird unmöglich Scheinendes umgesetzt. Dieses künstlerische und handwerkliche Können und Wissen darf nicht verloren gehen und daher wird im Unternehmen Oliver Maugés ausgebildet. Über 150 junge Frauen und Männer haben in den letzten Jahrzehnten ihren Weg ins Berufsleben gefunden, viele von ihnen haben sich in aller Welt selbstständig gemacht, einige sind geblieben - in Einzelfällen sogar vom Beginn der Ausbildung an bis zum Ruhestand.
Es gelingt sowohl zufällig hereinschauende Passanten als auch prominente Besucher als Stammkunden zu gewinnen und zu behalten. Davon weiß Lukas Kneese zu berichten, der nach dem Ruhestand Maugés vor einigen Jahren die Nachfolge seines Ausbilders und Mentors angetreten hat. Auch ihm ist seine Liebe zur Arbeit Berufung und er lebt seinen eigenen Traum. In seinen Augen funkelt es, wenn er über eine mit der Hand bestickte Stoffbahn streicht oder von einem aufwendig umgesetzten Projekt berichtet.
Eines seiner Meisterstücke bestand aus einem Hut, der erst am Vorabend bestellt wurde und rechtzeitig zum Abflug des Kunden im eigenen Privatjet in Brenners Parkhotel gebracht wer-

den musste. Nach einer durchgearbeiteten Nacht gelang es dem jungen Mann gerade noch rechtzeitig, die über einen Kubikmeter große Hutschachtel im eigenen Auto zum Hotel zu befördern, wo der staunende Portier dabei behilflich war, das Kunstwerk seinem Empfänger zu geben. Wo der Kopfschmuck letztendlich gelandet ist und wessen Haupt er seither ziert, ist uns nicht bekannt. Aber mit ein bisschen Glück dürfen wir ihn eines Tages auf der Rennbahn in Iffezheim bewundern.

12

AND EVERYTHING I HAD TO KNOW – I HEARD IT ON MY RADIO

Mit der Einrichtung der französischen Zone im Jahr 1945 wurde beschlossen, die Zentrale des neugegründeten Südwestfunks in Baden-Baden anzusiedeln. Damals ahnte niemand, was für eine glückliche Beziehung zwischen Stadt und Sender entstehen würde. Bis heute ist der ehemalige SWF und jetzige mit dem Süddeutschen Rundfunk fusionierte SWR wie eine Frischzellenkur für die mondäne Kurstadt, weil er mit seinem Kultur- und Nachrichtenprogramm Freigeister, Intellektuelle und Prominente ans Ufer der Oos lockt. Das tut der alten Dame Baden-Baden gut, die ohne die Impulse aus dem *think tank* an der Fremersbergstraße dazu neigen könnte, sich im Glanz des eigenen Lichtes zu sehr um sich selbst zu drehen.

Die Anfänge dieser Liaison waren etwas holprig. Da es in der Kurstadt weder Sendeanlagen noch ein Funkhaus gab, begann der Sendebetrieb am 31. März 1946 um 6.45 Uhr aus einem provisorischen Studio mit dem Motiv aus Mozarts Zauberflöte: „Bald prangt den Morgen zu verkünden …" Gesendet wurde aus dem Speisesaal des 1886 erbauten ehemaligen Hotels Kaiserin Elisabeth. Die Akustik wurde mithilfe von Teppichen, die über Leitern gehängt, und Glaswolle, die dazwischen gestopft wurde, verbessert.

Das Programm des SWF ruhte auf den drei Säulen Information, Unterhaltung und Bildung und einem umfangreichen musikalischen Part mit Maria Bergmann als begnadeter Hauspianistin und Karl Sczuka als Hauskomponist sowie dem Großen Orchester des Südwestfunks. Von Anfang an wurde unter der Ägide von Joachim Ernst Berendt Jazz gespielt. Zunächst noch undercover unter der Bezeichnung Tanzmusik, später ganz unverhohlen und mit großem Erfolg in den Formaten „Jazztime Baden-Baden", oder „SWF-Jazz-Session".
Auch ein literarischer Schwerpunkt stand ganz oben auf der Agenda. Neben der französischen Literatur gab es Sendereihen für junge deutsche Autoren wie Heinrich Böll, Ingeborg Bachmann, Ilse Aichinger und Günter Eich, die mit ihren Beiträgen die Formate bereicherten und auf diesem Weg ein großes Publikum erreichten. Als Anfang der 50er-Jahre ein Musikstudio und bis 1954 das neue Funkhaus in der Hans-Bredow-Straße in Betrieb genommen wurden, war es nicht nur möglich, ein zweites UKW-Programm auszustrahlen, sondern auch in das Fernsehzeitalter einzusteigen, das in den folgenden Jahren und Jahrzehnten mehr und mehr in Konkurrenz um die Gunst des Publikums trat.

Am Fuß des Fremersbergs entstand über die Jahre ein einzigartiges Fernsehproduktionszentrum mit großen TV-Studios und einer professionellen Mannschaft von Handwerkern über Kameraleute bis hin zur Regie für herausragende Fernsehspiele und -serien, innovativen Unterhaltungssendungen und bekannten Autorenfilme. Ständig waren prominente Schauspielerinnen und Schauspieler in den Baden-Badener Hotels anzutreffen, die die Atmosphäre und den Flair des SWF zu schätzen wussten.
Zwar wurde das Radio angesichts der Fernsehkonkurrenz gerne totgesagt, aber gerade in Baden-Baden ereignete sich

eine Radiorevolution, möglicherweise deshalb, weil an den westlichsten Sendergrenzen ein unerhört anderes Radio aus Luxemburg hereinschallte. Anfang der 70er-Jahre wurde im SWF ein Jugendprogramm eingerichtet mit Information und journalistischen Beiträgen, aber auch viel Rock, Popmusik und spritzigen Comedy-Beiträgen.
Zu Kunstfiguren wie Knut Buttnase von Gerd Leienbach und Else Stratmann von Elke Heidenreich gesellten sich in den kommenden Jahren Hörerlieblinge wie Gotthilf Penibel, Hein Piepenbrink, Werner Chibulsky oder die legendäre Comedy-Serie Höllentrip bei Feinkost Zipp hinzu.
Die 80er standen ganz im Zeichen der Stärkung der eigenen Profile und mit dem Sender wuchs auch das Publikum. Bis heute eine feste Größe in der deutschen Fernsehgeschichte, wurde 1985 erstmals „Debüt" im Dritten ausgestrahlt, eine Filmreihe mit Erstproduktionen von Absolventen der Filmhochschulen, die unter anderem für Sönke Wortmann, Nina Grosse und Nico Hofmann zum großen Schritt ins Rampenlicht wurde.

Zu Beginn der 90er-Jahre wurde ein weiterer Meilenstein in der Event-Geschichte gesetzt. Inspiriert vom Jazz-Festival in Montreux hatte Hans Peter Stockinger die Idee zu einer jährlichen Veranstaltung mit neuen Musikern und Bands aus der Popmusik und zwar, wie er in einem Vier-Augen-Gespräch der New-Pop-Legende Bernd Mohrhoff mitteilte, an Orten, wo es niemand erwarten würde.
Eine Steilvorlage also für die ehemalige Sommerhauptstadt Europas, in der es in der zweiten Jahreshälfte abgesehen von der Großen Woche in Iffezheim erschreckend ruhig war. Dennoch waren die ersten Gespräche mit den Stadtoberen eher von Zurückhaltung geprägt. Zu groß waren Skepsis und Vorurteile den Bands und ihrem Publikum gegenüber. Man befürch-

tete, sie würden wie die Vandalen in das liebliche Oostal eindringen und beispielsweise die Sitze im als Veranstaltungsort geplanten Theater aufschlitzen. Nach langen Verhandlungen einigte man sich auf den Alten Bahnhof, das Hans-Rosbaud-Studio sowie das SWR-TV-Studio 5 und das Theater Baden-Baden als Veranstaltungsorte. Die Vorbereitungen konnten beginnen!
Die Musikredaktion sichtete Demo-Tapes und wertete sie aus. Im Vorfeld wurden Konzerte besucht und Kontakte geknüpft, bis die jungen Hoffnungsträger von persönlichen Betreuern nach Deutschland gelotst und in der Kurstadt begrüßt wurden. Dabei galt es den zum Teil kaum bühnenerfahrenen Newcomern über ein freundliches Willkommen hinaus Sicherheit zu geben. Schließlich sollten sie das Publikum bei den Live-Auftritten begeistern. Dabei bewies das Team ein hohes Maß an Kreativität und Einfühlungsvermögen, als sie beispielsweise die in Deutschland aufgewachsene Alanis Morissette mit einem Besuch bei ihrem ehemaligen Kindermädchen in Heiligenzell bei Lahr überraschten oder die Mitglieder der russischen Band Auktyon mit großen Mengen ihres Lieblingsgerichts Heringssalat verwöhnten.

Trotz aller Nervosität und Aufregung war das New Pop Festival des SWF3 im Jahr 1994 ein voller Erfolg und die Fortsetzung stand außer Frage. Bereits ab dem zweiten Jahr übernahm Bernd Mohrhoff die Leitung und konnte ab 1996 mit Mercedes-Benz als neuem Sponsor richtig durchstarten. Mit der Produktionshalle des Automobilherstellers in Rastatt kam ein spannender Veranstaltungsort hinzu.
Bis kurz vor dem Beginn des Konzertes liefen die Autos vom Band und in Windeseile und einer logistischen Meisterleistung wurde die Industriehalle fürs Publikum freigegeben.

Der Raum für 6000 Besucher war gleich im ersten Jahr beim Auftritt der Fugees bis auf den letzten Platz gefüllt. Bevor sie die Halle zum Toben brachten, ließ der Bandleader Wyclef Jean die Fans erst einmal schmunzeln. Er stellte nämlich den Intendanten Dr. Peter Voß als „President of Germany" vor.
Ein weiteres Highlight in diesem Jahr: Die amerikanische Band Deep Blue Something spielte zunächst ihre Ballade Breakfast at Tiffany's, die eher zum Stehblues animierte, und überraschte für den Rest des Auftritts mit Hardrock. Die Fans waren begeistert! Eine weitere Meisterleistung vollbrachte in diesem Jahr die Baden-Badener Polizei, die das nach den Konzerten entstandene Verkehrschaos unter Ausnutzung aller nur denkbaren Ausweichstraßen in den Griff bekam.
Legendär auch die After Show Partys im La Provence bei Peter Kamp, bei denen auf einer kleinen Behelfsbühne vor den Augen eines ausgesuchten Publikums auch mal eine Nacht durchgespielt wurde. Am nächsten Morgen erlebte man gemeinsam den Sonnenaufgang über der Festival-Stadt.
Im Jahr 1998, zum ersten Mal als SWR3 New Pop Festival, musste man wegen der Eröffnung des Festspielhauses zwar auf die Konzerte im Alten Bahnhof verzichten, schaffte es aber dank großem Verhandlungsgeschick und des Einsatzes des damaligen OBs Ulrich Wendt, dass eine Festival-Lounge auf der Fieserbrücke eingerichtet wurde. Damit war die Veranstaltung endgültig im Herzen der Stadt angekommen.
Jahr für Jahr folgten begeisternde Debüts und unvergessliche Unplugged-Auftritte. Und es gibt Anekdoten, die man bis heute gerne erzählt oder erzählt bekommt. Wie zum Beispiel die vom Auftritt der damals sehr schüchternen und ebenso aufgeregten Anastacia, die im Theater Baden-Baden nach 45 Minuten Show wieder von vorne begann, da sie noch nie einen so langen Auftritt hinter sich gebracht hatte. Oder die

Zitterpartie und den damit verbundenen diplomatischen Einsatz des Projektleiters Bernd Mohrhoff, als der Drummer der Band Kula Shaker seinen Reisepass in Großbritannien vergessen hatte. Am Flughafen Frankfurt entging er nur knapp einer Sicherheitsverwahrung und konnte rechtzeitig zum Konzert in Baden-Baden die Trommelstöcke wirbeln lassen.

Inzwischen strömen in jedem neuen Jahr Zehntausende Musikbegeisterte zu den Konzerten und lassen sich durch die Straßen und über die Plätze treiben. Wie gut das der Stadt tut und wie fest die Veranstaltung verankert ist, zeigt das immer weiter wachsende Rahmenprogramm, das jedes Jahr mit neuen Attraktionen aufwartet. Ein roter Teppich in Stadt und Fußgängerzone lädt zum Late-Night-Shopping ein; die illuminierten Bäume der Lichtentaler Allee, Interviews mit den teilnehmenden Bands und spontane Unplugged-Einlagen bescheren unvergessliche Erinnerungen. Bei der Verleihung des „Pioneers of Pop"-Awards werden seit 2007 Künstler und Bands ausgezeichnet, die inzwischen auf eine große und erfolgreiche Karriere zurückblicken können. Denn wenn man heute die Teilnehmerlisten der New Pop Festivals durchliest, staunt man, wie viele der teilnehmenden Gruppen es mit dem Erfolg in Baden-Baden im Rücken ins Who is Who der Popgeschichte geschafft haben und mit ein bisschen Glück und dem nötigen Können in Zukunft noch schaffen werden ...

13

NÄCHSTE HALTESTELLE: FESTSPIELHAUS

Als am 24. September 1977 der letzte Zug im Bahnhof Baden-Baden einfuhr und große Abschiedsreden für das stolze, im 19. Jahrhundert im Neorenaissance-Stil erbaute Gebäude gehalten wurden, standen dem „Alten Bahnhof" ungewisse Zeiten bevor. In der großen Belle-Epoque-Zeit der Stadt war das prächtige Bauwerk in der Stadtmitte errichtet worden, um dem größer werdenden Ansturm von Gästen aus aller Welt gerecht zu werden, und war für unzählige Besucher fast ein Jahrhundert lang der Ankunftsort in der Kurstadt. Plötzlich übernahm von einem Tag auf den nächsten der rasch umbenannte Bahnhof in Baden-Oos diese Funktion und in den Hallen nahe der Innenstadt herrschte gähnende Leere. Was von den Bahnanlagen übrig blieb, wurde größtenteils abgerissen.

In den folgenden Jahren war zwar die lebendige Geschäftigkeit der ankommenden Fahrgäste verschwunden, auf dem stillgelegten Bahnhof blieb es aber alles andere als ruhig. Musicals und Konzerte lockten Bürger und Tagesgäste ebenso an wie die regelmäßig stattfindenden Flohmärkte. Im Alten Bahnhof selbst öffnete im Fürstensaal eine Automatenspielstätte des Casinos. Und in einem Nebengebäude wurde 1985 eine städtische Jugendbegegnungsstätte, kurz JuBe, untergebracht, die sich an Wochenenden und nicht immer zur Freude der Anwohner großer Beliebtheit erfreute. Die Zeit verging, ohne dass das Gebäude je ganz zur Ruhe kam oder gar leer stand.

In den frühen 90er-Jahren erinnert man sich in der Kurstadt daran, dass bereits Mitte des 19. Jahrhunderts der Gedanke aufkam, ein Festspielhaus für Richard Wagners Opern zu bauen, was damals letztlich an der Geldfrage scheiterte. In den 1920er-Jahre sammelten sogar die Berliner Philharmoniker in Baden-Baden bei Benefiz-Konzerten für den Bau eines „Symphonie-Hauses". Der Schriftsteller Gerhart Hauptmann fungierte als Vorsitzender des Fördervereins.
So machten sich Jahrzehnte später engagierte Bürger und die Stadtverwaltung wieder auf die Suche nach einem Bauplatz für einen Musentempel von internationalem Format. Zunächst stand das Kurhaus zur Debatte, das aus akustischen und logistischen Gründen jedoch nicht für diese Zwecke genutzt werden konnte. Ein Bauplatz von der benötigten Größe stand aber auch nicht zur Verfügung. Was für ein Glück war es doch, dass mit einem gewagten architektonischen Entwurf des Wiener Architekten Wilhelm Holzbauer, in Verbindung mit der Eingangshalle des Alten Bahnhofs, das mit 2500 Sitzen größte Opernhaus Deutschlands und zweitgrößte in Europa entstand. Im Vorfeld war dieser Plan nicht nur bestaunt, sondern auch belächelt oder gar als Größenwahnsinn bezeichnet worden.
Und tatsächlich sah es nach einem kurzen furiosen Auftakt so aus, als würden die kritischen Stimmen recht behalten, denn bereits nach wenigen Monaten drohte die Insolvenz. Andreas Mölich-Zebhauser, damals Leiter des Frankfurter Ensembles Modern, wurde in der Not zum neuen Intendanten ernannt. Er erarbeitete einen Sanierungsplan, der Zeit und Geld für ein weiteres Jahr verschaffte, in dem sich die Zukunft des Festspielhauses entscheiden sollte. Was folgte, war ein Erfolg, der bis zum heutigen Tag andauert. Wirtschaftlich gelang es im zweiten Anlauf, die Ursprungsidee eines komplett privat betriebenen Opern- und Konzerthauses umzusetzen.

Die öffentliche Hand hätte das nicht finanzieren können. Mit einer von amerikanischen Mäzenen bezahlten spektakulären Freikartenaktion wurden die Sommerfestspiele 1998 in letzter Sekunde gerettet. Die Musikliebhaber schlossen vor allem die Akustik des Hauses schnell in ihre Herzen. Mit der Gründung der privaten Kulturstiftung Festspielhaus Baden-Baden im Jahr 2000 und der stetigen Vergrößerung des Freundeskreises sowie eines Förderkreises sicherten Stiftungsvorstand und die Geschäftsführung der Festspielhaus GmbH die nächsten Etappen der Programmplanung ab.

Es folgten Opern-Koproduktionen mit den Salzburger Festspielen, dem Festival d'Aix en Provence und dem Mariinsky Theater St. Petersburg. Mit dem ersten deutsch-russischen Ring des Nibelungen war der Bogen zu der ursprünglichen Idee eines Richard Wagner Festspielhauses in Baden-Baden endgültig wieder geschlagen. Gleich drei Opern (Jolanthe, Manon Lescaut und Tristan und Isolde) wurden zwischen 2009 und 2016 gemeinsam vom Festspielhaus Baden-Baden und der MET produziert und auf beiden Seiten des Atlantiks gezeigt.

Mit den künstlerischen Erfolgen wuchs die Fördererfamilie des Festspielhauses, sodass größere Pläne möglich wurden. 2013 wechselten die Berliner Philharmoniker von den Salzburger zu den neu gegründeten Baden-Badener Osterfestspielen. 2019 wurde Benedikt Stampa, erfolgreicher Sanierer und Gestalter des Konzerthauses Dortmund, als Intendant berufen. Stampa hat es sich zur Aufgabe gemacht, die Musikgeschichte des „Sehnsuchtsortes" Baden-Baden und seine Rolle in Europa stärker mit ins Programm einfließen zu lassen und Festspiele der Zukunft zu entwickeln.

Mit der Verwandlung vom Alten Bahnhof zum Festspielhaus hat dieser Ort viele Glücksmomente erlebt und es werden weitere folgen.

14

KULTUR PUR AUF DER MUSEUMSMEILE

Ein Start nach Maß war es nicht, den die Kunsthalle Baden-Baden im Frühjahr 1909 hinlegte. Dabei standen die Zeichen der Zeit gut und im Vorfeld wurden weder Aufwand noch Mühe gescheut. Denn obwohl es in dem Kurort bereits ein Künstlerhaus im neben dem Theater gelegenen Fundusgebäude sowie ein großherzogliches Kunstmuseum hinter dem Kurhaus gab, bestand ein akuter Bedarf für ein Galeriegebäude, in dem neueste Kunstwerke ausgestellt und zum Verkauf angeboten werden konnten. Dazu bot sich die Stadt überregional an, da sie ähnlich wie München, Berlin, Dresden und Stuttgart ein Fremdenverkehrszentrum darstellte, viel Publikum erreicht werden konnte und potenzielle Käuferschichten in großer Zahl vertreten waren.
Doch wie so oft scheiterte die konkrete Umsetzung an den zu erwartenden Kosten, besonders da zunächst ein Standort am heutigen Alleehaus geplant war, als Gegenpol zum Schwerpunkt am Kurhaus und Theater. Zu Beginn des 20. Jahrhunderts aber bildete sich glücklicherweise eine Allianz aus Stadtregierung, Stadthonoratioren und einheimischen Künstlern. Die Gruppe hatte eine Reihe von einflussreichen und vermögenden Initiatoren und Förderern aufzuweisen: u. a. Oberbürgermeister Gönner, Redakteur Hermann Koelblin, Tabak-Mogul August Batschari, Bankier Emil Meyer, Apotheker Oskar Rössler sowie den Künstler Victor Puhonny.

Als der wohlhabende Maler Robert Engelhorn anbot, die Baukosten für die Kunsthalle größtenteils aus eigener Tasche zu bezahlen und mit dem aufgrund der Hanglage schwerer zu bebauenden, aber deutlich preisgünstigeren Grundstück ein neuer Standort gefunden war, stand dem Projekt nichts mehr im Wege. Mit den Architekten Hermann Billing und Wilhelm Vittali wurde ein Gebäudekonzept entwickelt und umgesetzt, das bewusst auf Schmuck und Pomp verzichtete, um die plastische Wirkung des Gesamtbaus zu erhöhen. Es wurde bereits nach einem Jahr fertiggestellt. Mit den beiden Malerei und Plastik personifizierenden Frauenfiguren am Eingang und der an einen Tempel erinnernden Fassade, die neoklassizistische Strukturen aufwies, wurde ein Gebäude geschaffen, das nicht nur in Baden-Baden neue Maßstäbe setzte.

Neben zahlreichen Gästen und Würdenträgern erschien zur Eröffnung am Ostersonntag 1909 Großherzog Friedrich II. von Baden höchstpersönlich; es war sein erster offizieller Besuch in der Kurstadt. Doch bereits wenige Tage später war die Kritik an der Architektur des Gebäudes nicht zu überhören, da die vorsätzlich gewählte Schlichtheit abschätzig als Armseligkeit und Ideenlosigkeit interpretiert wurde. Selbst zehn Jahre später sollte es bei einer Sitzung im Badischen Landtag Beifall geben, als der Museumsbau als „Stall" tituliert wurde! Die Museumsleitung ließ sich auf diese Debatte nicht ein, sondern reagierte auf die einzig richtige Art und Weise, indem sie die Qualität von Ausstellungen und Exponaten für sich sprechen ließ.

Bis zu Beginn der 1930er-Jahre wurde in der Regel eine Ausstellung pro Jahr mit verschiedenen Künstlern ausgerichtet, von denen je ein oder zwei Werke gezeigt wurden. Fast alle Ausstellungsstücke waren zu verkaufen. Diese Präsentationen wurden von Sonderausstellungen begleitet, die Einzelkünstlern gewidmet waren. Großen Wert legte man auf Werbung. Neben Einladungsschreiben auf Deutsch, Französisch und Englisch wurden Anzeigen in großen Zeitungen geschaltet, unter anderem im New York Herald, dem Berliner Tageblatt oder den Münchner Neuesten Nachrichten. Die ersten wirtschaftlichen Schwierigkeiten begannen, als während der Weimarer Republik wichtige Förderer wegfielen.

Nachdem das Haus im Jahr 1927 in staatlichen Besitz übergehen musste, war es gerettet und blieb der Öffentlichkeit erhalten. Aber im Dritten Reich wurde das Haus vehement für nationalsozialistische Propaganda genutzt, beispielsweise, um über oberrheinische Kunstausstellungen die spätere Annektierung ideologisch vorzubereiten. Bis heute weisen die helleren Steine über dem Hauptportal auf das damals obligatorische Hakenkreuz über dem Eingang hin.
Nach dem Ende des Zweiten Weltkriegs nutzte die französische Besatzungsmacht das Gebäude zunächst als Bibliothek und für ein „Centre de Documentation". Ab 1949 begann das Ensemble des Theaters, Proben in den oberen Räumen abzuhalten, die sehr zum Missfallen der Hausmeisterfrau oft bis tief in die Nacht dauerten. Kunstausstellungen fanden in dieser Zeit im Kurhaus statt und hatten Moderne Französische Malerei, aber auch Deutsche Kunst der Gegenwart zum Thema.
Eine behutsame Annäherung vollzog sich im Vorwort des Ausstellungskatalogs zu Frankreich-Baden im Spiegel der Geschichte 1660–1860 und schuf so eine weitere Grundlage für den Wiederbeginn von Freundschaft und gegenseitiger Achtung. Vor der Wiederaufnahme des Betriebs im Jahr 1952 erbaten sich die Franzosen, die zwischenzeitlich auch schon daran gedacht hatten, aus der Kunsthalle einen Spiel-

salon zu machen, die Räumlichkeiten weiterhin an zwei Abenden in der Woche für Aktzeichnen benutzen zu dürfen. Ob und wie lange diesem Wunsch stattgegeben wurde, ist nicht dokumentiert.
Der Ausstellungsstil der kommenden Jahre und Jahrzehnte verhalf der Staatlichen Kunsthalle zurück zu internationalem Ansehen. Neben zeitgenössischen Künstlern gab es Ausstellungen zu Wegbereitern der Moderne wie George Grosz, Lyonel Feininger und Salvador Dalí, der einen unerreichbar scheinenden Rekord von 160 000 Besuchern aufstellte! Thematische Ausstellungen und Inszenierungen festigten den Ruf des Hauses. Die Veranstaltungsreihe 14 x 14, die 1968 begann und viermal stattfand, präsentierte in der Kunsthalle die Werke von vierzehn Künstlern für jeweils zwei Wochen. Viele der teilnehmenden Maler, Bildhauer und Grafiker sind durch diese Reihe bekannt geworden und waren später mit Einzelausstellungen in der Kunsthalle zu sehen. Heute zählen sie zum festen Kanon der deutschen modernen Kunst.

Eine ganz besondere Rolle spielte für Baden-Baden Gerhard Richter, der gemeinsam mit Günther Uecker die erste Runde der 14-x-14-Serie bestritt. In dem schicksalsträchtigen Jahr 1968, in dem Uecker und Richter zwei Wochen lang, teils in Schlafanzug und Jogginghose, den Ausstellungsbesuchern ihre Werke präsentieren, kaufte der junge Frieder Burda auf der documenta 4 ein Bild des zeitgenössischen Malers Lucio Fontana und legte damit den Grundstein für eine weltweit einzigartige Kunstsammlung.
Aufgewachsen in einem Elternhaus, in dem die deutschen Expressionisten einen festen Platz hatten, fühlte sich Frieder Burda seit jeher von Menschen angezogen, die gegen den Strom schwimmen und in deren Kunst und Weltsicht er sein

eigenes Bestreben nach Unabhängigkeit wiederentdeckte. Wenn er sich beim Kauf von Kunstwerken auch die Meinung von Experten einholte, war für ihn doch die Emotion der entscheidende Faktor: Geradezu magisch zogen ihn Bilder an, bei deren Betrachten ihn ein überwältigendes Staunen und Liebe auf den ersten Blick überkamen.

Von Anfang an gehörte der deutschen und europäischen Kunst Frieder Burdas Herz. Bei Galeriebesuchen in Amerika entdeckte er aber auch den abstrakten Expressionismus, in dem Künstler wie Jackson Pollock und Willem de Kooning die Wucht der Farbe weit über die Darstellung der Gestalt erhoben. Als in Burda nach Jahrzehnten des Sammelns die Entscheidung gereift war, seine Kunstwerke nicht nur selbst oder mit auserwählten Gästen zu betrachten, sondern der Öffentlichkeit zu präsentieren, begann er mit der Suche nach einem Ort, an dem sich die Ausstellungsräume für seine Sammlung befinden sollten. Seine erste Wahl fiel auf die französische Kleinstadt Mougins, die vor allem als letzter Wohnsitz von Pablo Picasso sowie für ihre Kunstgalerien und ihre Gastronomie bekannt war und in die er sich selbst für einige Jahre zurückgezogen hatte. Als dieser Plan jedoch scheiterte, kam ihm der Zufall zur Hilfe.
1996 wurde in der Baden-Badener Kunsthalle unter dem damaligen Leiter Jochen Poetter eine Ausstellung mit Bildern aus Frieder Burdas Privatsammlung gezeigt. Burda entschied sich für Werke von Gerhard Richter, Sigmar Polke und Arnulf Rainer. Die Ausstellung wurde ein riesiger Erfolg und zog nicht nur Besucherströme, sondern auch eine Delegation der Landesregierung und mit ihr den damaligen Ministerpräsidenten Erwin Teufel an.
Der Landesherr beschränkte sich nicht nur darauf, Sammler

und Werke in höchsten Tönen zu loben, sondern bot das Grundstück neben der Kunsthalle, das sich im Besitz des Landes Baden-Württemberg befand, als Standort an, um einen Museumsneubau für die Sammlung Frieder Burda zu realisieren! Zwar regte sich in der Kurstadt zunächst Widerstand gegen den Eingriff in die Lichtentaler Allee und den vermeintlichen Übergriff aus der Landeshauptstadt, doch gelang es dem eher zurückhaltenden Frieder Burda, der noch nie das Bedürfnis danach gehabt hatte, im Rampenlicht zu stehen, mit flammenden Reden, die er vor dem Stadtrat und den Bürgern hielt, die Zweifel zu zerstreuen. Und es gelang ihm, den bedeutenden Star-Architekten Richard Meier für den Museumsbau zu gewinnen.
Das „Juwel im Park" lockte bereits in den ersten fünf Jahren nach seiner Eröffnung über eine Million Besucher ans Ufer der Oos und schlägt bis zum heutigen Tag Kunstliebhaber mit großen Ausstellungen zu Marc Chagall, Emil Nolde, Gerhard Richter, Andreas Gursky, James Turrell oder dem jungen französischen Streetart-Künstler JR in seinen Bann.
Ein besonders gelungener Coup war auch die Präsentation des Banksy-Schredder-Kunstwerks „Love is in the Bin" als erste museale Präsentation überhaupt. Bei kostenlosem Zugang, umrahmt von einer Debatte um Sinn und Wahnsinn eines explodierenden Kunstbetriebs, bildeten sich Schlangen vor dem Museum. Gleichzeit konnten - ganz im Geist des Künstlers - Spenden für einen guten Zweck gesammelt werden.

Damit nicht genug, denn gleich neben dem Museum Frieder Burda und der Kunsthalle befindet sich das LA8, das sich der Vermittlung der intensiven Wechselwirkungen zwischen Kunst, Kultur und Technikgeschichte des 19. Jahrhunderts widmet und damit einen einzigartigen Platz innerhalb der Museums-

landschaft Deutschlands einnimmt. Vervollständigt wird die Baden-Badener Museumsmeile durch das Baden-Baden Stadtmuseum. Es verfügt über Ausstellungsstücke von den Anfängen Baden-Badens als römische Siedlung über das glanzvolle 19. Jahrhundert bis hin zur Gegenwart.
Als letzte verborgene Perle gibt es schließlich das in der Nähe des Ooser Bahnhofs gelegene Frida-Kahlo-Museum zu entdecken, in dem über 260 replizierte Gemälde, Fotografien und Möbel bestaunt werden können und das die einzige Institution weltweit ist, die vom Staat Mexiko die Genehmigung erhalten hat, alle Gemälde der weltberühmten Künstlerin replizieren zu lassen.
Wer sein Glück also in der Kunst findet, der sei zum Besuch dieser Stätten aufs Herzlichste eingeladen!

15

DEM STURM GETROTZT

Zum Ausklang des 20. Jahrhunderts sprang die Natur mit Baden-Baden so ruppig um, wie es wohl seit Menschengedenken nicht mehr der Fall gewesen war. Zunächst sorgten nicht enden wollende Niederschlagsmengen dafür, dass der beschauliche Oosbach, den man die meiste Zeit des Jahres mit hochgekrempelten Hosenbeinen durchqueren konnte, innerhalb kürzester Zeit eine Rekordhöhe von knapp drei Metern erreichte. Nahezu eintausend Einsatzkräfte des Technischen Hilfswerkes und Feuerwehren aus ganz Baden-Württemberg kämpften tagelang gegen die Wassermassen und verhinderten schwerere Schäden.
Die Baden-Badener mussten fassungs- und hilflos zusehen, wie der zum alles verschlingende Strom gewordene Bach über die Ufer trat, Straßen und Gebäude unterspülte und weite Teile der Stadt unpassierbar machte. Die Ortsteile Geroldsau und Oberbeuern waren zwischenzeitlich nur über höher gelegene Waldwege zu erreichen und konnten den Fluten gerade so standhalten.
Aber auch in der Innenstadt und in den an der Oos gelegenen Ortsteilen standen zahllose Keller unter Wasser. Der Schaden, der in Privathaushalten und öffentlichen Gebäuden angerichtet wurde, ging in einen hohen zweistelligen Millionenbereich. Wer jedoch nach dem Abklingen der Unwetter und der Beseitigung der Schäden glaubte, die Natur hätte sich mit dem Hochwasser bereits von ihrer schlechtesten Seite gezeigt, der wurde nur vierzehn Monate später eines Besseren belehrt. Am

zweiten Weihnachtsfeiertag des Jahres 1999 zog das Orkantief Lothar über West- und Mitteleuropa hinweg und machte auch vor Baden-Baden und dem Schwarzwald nicht Halt. Dächer wurden abgedeckt, wertvolle Bäume in der Allee entwurzelt, ganze Berghänge abgeräumt.

Wer es am Morgen danach wagte, einen Fuß in den Stadtwald zu setzen, sah Bäume aller Arten und Größe wie Mikadostäbe übereinander liegen. Rund ein Drittel des Baden-Badener Stadtwaldes, an die 900 000 Festmeter Holz, fielen dem Sturm zum Opfer. Der Schaden, den diese beiden Katastrophen anrichteten, war nicht nur finanziell immens und machte sprach- und atemlos. Direkt im Anschluss an beide Ereignisse gab es sicherlich niemanden, der in diesem Zusammenhang von Glücksmomenten gesprochen hätte. Das sollte sich in den folgenden Jahren ändern.

Nachdem die ersten Forststraßen und Wanderwege freigelegt waren und als nach der Freigabe ausgewählter Strecken wieder Ausflüge in das Wandergebiet der Kurstadt möglich waren, kam man aus dem Staunen nicht mehr heraus: Wo man sonst durch dunkle Nadelwälder marschiert war, boten sich plötzlich atemberaubende Ausblicke auf ferne Berggipfel und malerische Felsformationen. Bestehende Wanderwege wurden optimiert, neue Strecken geplant und verwirklicht. Bannwälder, in denen die Natur sich selbst überlassen wurde, boten Rückzugsmöglichkeiten für Flora und Fauna. Flüsse und Bäche bahnten sich neue Wege und nutzten die Gelegenheit, sich zu renaturieren.
Kurz und gut: Im gesamten Sturmgebiet siedelten sich neue Bäume und Sträucher an und boten einen idealen Lebensraum für viele Tierarten.

Bei der Wiederaufforstung überließ man manche Flächen sich selbst und sorgte dafür, dass an die Stelle der durch Monokultur geprägten Holzplantagen artenreiche Mischwälder traten. Die Natur war für die städtische Forstbehörde mit einem Mal viel eher ein Kooperationspartner, dem man Arbeit überlassen konnte.

Auch angesichts des Klimawandels bot der Neuanfang eine Chance. Baumarten wie z. B. die Douglasie wurden angepflanzt und somit die Resilienz des verjüngten Waldes erhöht.

Auch bei der Entstehung und Planung des 2014 gegründeten Nationalparks Nordschwarzwald zeigte Baden-Baden Verantwortung, indem der Stadtrat dem Beschluss zustimmte, wertvolle Teile des eigenen Stadtwaldes mit in das Naturschutzgebiet einzubringen.

Alleine der Luchspfad und der Lotharpfad ziehen jährlich bis zu 100 000 Besucher an und zeigen generationenübergreifend, wie wichtig die Natur als Erholungsgebiet und Lebensraum ist – nicht nur in der Region, sondern weit darüber hinaus. Wandern ist längst wieder eine Trendsportart und der Schwarzwald eines der beliebtesten Ausflugs- und Urlaubsziele Deutschlands.

Und auch der Baden-Badener Panoramaweg, der auf seinen über 40 Kilometern Gesamtlänge Stadt und Umgebung in ihrer ganzen Pracht zeigt, wäre ohne Lothar vielleicht nicht 2004 und 2020 zum schönsten Wanderweg Deutschlands gekürt worden. Er ist ein Paradebeispiel dafür, dass selbst aus Naturkatastrophen großes Glück entstehen kann.

16

GANZ GROSSES KINO

Ein im verborgenen blühendes Kino im Herzen der kleinen Weltstadt Baden-Baden gibt es schon lange. Eines, in dem ein Blockbuster gezeigt wird, um die Kasse zu füllen oder ein paar andere Gesichter unter den Besuchern zu sehen, in dem aber zumeist eine erlesene Auswahl die Herzen von Cineasten höherschlagen lässt. Viele Baden-Badener erinnern sich gut an die Jahre ab 1972, als man in der Kaiserhof-Passage durch einen schmalen Eingang die Treppen in die Tiefe hinunterstieg, um kleine, feine Filme zu sehen. Es lief ein Programm, für das man nach Karlsruhe in die „Schauburg" oder noch weiter hätte fahren müssen.

Im „Film-Casino" bretterte man als Easy Rider durch die USA, lernte Monty Python hassen oder lieben, ließ sich von Stanley Kubricks Clockwork Orange faszinieren oder traumatisieren, grölte sich durch die Evergreens von Grease oder schmuggelte Päckchen mit Reis in die Vorführung der Rocky Horror Picture Show. Bis, ja, bis dieser Kulturtempel im Jahr 1998 seine Tore schloss, sich langsam, aber stetig, eine dicke Staubschicht in den unterirdischen Räumen ansammelte und das kleine, große Kino langsam in Vergessenheit geriet ...

Möglicherweise befänden sich die Räumlichkeiten nach wie vor im Zauberschlaf, wenn es nicht im Jahr 2006 Nathalie Somville und Peter Morlock in die Stadt verschlagen hätte. Die beiden wollten eigentlich nur die Chagall-Ausstellung im Museum Frieder Burda ansehen und verliebten sich Hals über Kopf in Baden-Baden. Beruflich produzieren die beiden leidenschaft-

lichen Kinogänger Werbefilme. Sie hatten eine gute Zeit in Pforzheim hinter sich gebracht, waren aber auf dem Sprung und bereit für einen Tapetenwechsel. Dazu verhalf ihnen ein kurioser Zufall und ein nicht ausgereiftes Navigationssystem. Sie landeten in einer Villa in der Lilienmattstraße, im Zentrum der Stadt, die wenig später zu ihrem neuen Firmensitz wurde. Als den zwei Movie-Maniacs sechs Jahre später auf dem Rückweg vom Baden-Badener Weihnachtsmarkt am Kaiserhof das Schild „Zu vermieten" ins Auge fiel, trafen die beiden eine Entscheidung, die in vielerlei Hinsicht ein absoluter Glücksfall für Baden-Baden werden sollte. Am nächsten Tag hatte das Paar einen Besichtigungstermin und wusste spätestens beim Betreten des Kinosaals mit den letzten alten Sitzen und der mit einer Patina bedeckten Leinwand, dass sie gar keine andere Wahl hatten, als das historische Film-Casino wieder herzurichten und mit neuem Leben zu füllen.
Wie so oft bei spontanen Entscheidungen war es gut, dass die beiden nicht wussten, wie viel Arbeit auf sie zukam. Erst einmal galt es die Räumlichkeiten zu entrümpeln und Saal und Vorführraum von zahllosen Schichten aus Süßigkeitenverpackungen, Chipstüten, Programmheften und anderen Relikten aus längst vergangenen Zeiten zu befreien. Wie Archäologen arbeiteten sich die beiden Cineasten von einer Zeitebene in die nächste vor. Sie gerieten ins Staunen, als sie nach den nicht ganz appetitlichen Hinterlassenschaften des Publikums und der ehemaligen Belegschaft aus den 90er-, 80er- und 70er-Jahren auf Spuren stießen, die auf eine sehr viel weiter zurückliegende Vergangenheit des Kinos schließen ließen.
Nach Überbleibseln aus der Zeit vor dem Zweiten Weltkrieg fanden sie Schutzvorrichtungen, die aus den Anfängen der Kinogeschichte stammten, als hoch entzündlicher Nitrofilm verwendet wurde. Spätestens zu diesem Zeitpunkt wurde den

beiden klar, dass sie sich an einem Kinostandort befanden, dessen Geschichte bis zum Beginn des 20. Jahrhunderts und damit bis zu den Anfängen der Kinogeschichte zurückreichte. Zunächst einmal blieb aber ohnehin keine Zeit, sich weiter mit der Geschichte des Hauses zu beschäftigen, denn es war allerhöchste Eile geboten: Bereits zwei Monate später sollte anlässlich eines in der Kurstadt stattfindenden Kinokongresses die Eröffnung stattfinden, die dann ein voller Erfolg war. Begeistert und beeindruckt durfte eine kleine Gruppe aus ausgewählten Fachbesuchern und Kinokollegen in den komfortablen Luxus-Kinosesseln Platz nehmen und erlebte, nicht zuletzt durch den Einbau des neuen Tactile-Sound-Systems „Thunderbox", ein Filmerlebnis für alle Sinne! Damit nicht genug, einer der Gäste an diesem Abend war der Ururenkel des Kino-Pioniers August Daub, der im Jahr 1905 an diesem Ort das Filmtheater im Kaiserhof eingerichtet hatte und dem die Wiedereröffnung einen durch und durch emotionalen und tief berührenden Abend bescherte.

Wäre diese Geschichte nicht schon zu schön, um wahr zu sein, so war dieser berührende Auftakt doch nur der Beginn einer Erfolgsgeschichte, die sich bis in die Gegenwart fortsetzt und kein Ende findet. In der Zwischenzeit haben Nathalie Somville und Peter Morlock die Open-Air-Reihe Mondkino als feste Größe im Veranstaltungskalender der Stadt etabliert und mit dem Rosenneuheitengarten auf dem Beutig eine malerische Kulisse für ihr Sommerprogramm gefunden. Jährlich heimsen die Betreiber Kinoprogrammpreise des Landes und des Bundes für ein herausragendes Jahresfilmprogramm ein. Dabei war die Verleihung des Spitzenpreises des Landes Baden-Württemberg im Jahr 2018 ein besonderes Highlight.

17

BESUCH AUS ÜBERSEE - AMERIKANISCHE GÄSTE

Zu den zahlreichen internationalen Gästen in Baden-Baden kamen in der zweiten Hälfte des 19. Jahrhunderts Gäste aus Übersee hinzu, von denen Mark Twain in seinem Reisebericht „A Tramp abroad" der Kurstadt ein ebenso ironisches wie unterhaltsames Zeugnis ausgestellt hat. Wundervoll bissig schildert der 1835 als Samuel Langhorne Clemens in Florida geborene Schriftsteller die Absurditäten des kulturellen Lebens und des Badebetriebs.

Bei seinem Aufbruch über den Schwarzwald in die Schweiz hinterlässt Twain ein – wenn auch eingeschränktes – Lob: „Baden-Baden liegt im Schoß der Berge, und die natürliche und künstliche Schönheit seiner Umgebung vereinigt sich wirkungsvoll und reizend. Der ebene Streifen Land, der sich durch die Stadt und dann noch weiter zieht, ist ein einziger schmucker, von edlen Bäumen überschatteter und in Abständen mit luftig glitzernden Springbrunnen verzierter Park ... Ich glaube voll und ganz, dass ich mein Rheuma in Baden-Baden gelassen habe. Es sei Baden-Baden gegönnt. Es war wenig genug, aber alles, was ich zu geben hatte. Am liebsten hätte ich etwas Ansteckendes zurückgelassen, aber es stand nicht in meiner Macht."

Weitaus positiver äußerte sich viele Jahre später Bill Clinton, dem das Bonmot „Baden-Baden is so nice that you have to name it twice" in den Mund gelegt wurde. Ob er als Erster darauf kam, lässt sich wohl nie ganz klären. Ganz sicher aber kann kein ehemaliger US-Präsident mit so vielen Besuchen in der Kurstadt aufwarten wie er. Das liegt zum einen an seiner engen Freundschaft mit dem Stifter des Deutschen Medienpreises Karlheinz Kögel, der ihn als Gast oder gar Preisträger in der Stadt willkommen hieß.
Aber über diese Feier hinaus schien es Clinton in der kleinen Weltstadt gut zu gefallen, da er während seiner Aufenthalte beim Bummeln in der Innenstadt ebenso gesehen wurde wie beim Flanieren in der Lichtentaler Allee. In besonderer Erinnerung bleibt für alle, die es miterleben durften, eine Nacht, die er im Casino verbrachte: Zu später Stunde, als seine Bodyguards es sich bereits in den bequemen Sesseln gemütlich gemacht hatten, stellte er sein Können als Klavierspieler unter Beweis, bevor er in den Morgenstunden zum Rückflug über den Atlantik aufbrach.

Unvergessen und unübertrefflich bleibt der Besuch Barack Obamas während des NATO-Gipfels im Jahr 2009. Baden-Baden war die erste deutsche Stadt, der der wie ein Popstar verehrte Präsident in der frühen Amtszeit die Ehre gab. Dieses Ereignis verlangte der Stadt und ihren Bürgern zunächst einmal viel ab. Wochen vor dem großen Tag begann eine Heerschar von Arbeitern damit, Bäume zu fällen, Mülleimer abzumontieren und Gullydeckel zu versiegeln.
Und während Kurhaus, Casino, Trinkhalle und viele andere öffentliche Gebäude geschlossen wurden, durften die Geschäfte in der Fußgängerzone geöffnet bleiben, um akkreditierten Gästen und Journalisten für Gespräche und Inter-

views zur Verfügung zu stehen. Längst hatten zu diesem Zeitpunkt Eliteeinheiten aus Deutschland und den Vereinigten Staaten ihre Posten an streng geheimen Orten bezogen und die Bewegungsfreiheit der Baden-Badener wurde von Tag zu Tag bis auf ein Minimum eingeschränkt. Die Straßen ins Zentrum wurden mit Barrieren versehen und der Aufenthalt an Fenstern und auf Balkonen strengstens untersagt.
Dann endlich kam der große Tag! In der streng bewachten Stadt landete am Freitag, dem 3. April, der Hubschrauber des Präsidenten auf der Klosterwiese. Die amerikanische Delegation machte sich über die Allee und den Leopoldsplatz auf den Weg in die Innenstadt. An den nicht militärisch gesicherten, meist höher gelegenen Aussichtsplätzen bildeten sich Trauben von Bürgern und Gästen, die hofften, einen Blick auf den Wagenzug Obamas zu erhaschen.
Wer Freunde oder Bekannte in der Innenstadt hatte, lud sich zum Kaffee ein und spekulierte auf einen Fensterplatz. Wer an diesem Tag sogar die Erlaubnis hatte, sich vor Beginn des ganz großen Rummels in die Innenstadt zu begeben, erlebte ein gespenstisches Szenario: Bis auf Polizei und Militär waren die Straßen wie leer gefegt und man konnte zu Fuß oder mit dem Rad über die großen Autostraßen ins Zentrum gelangen, ohne einer vertrauten Menschenseele zu begegnen.
Erst allmählich füllte sich die Stadt mit Politikern und geladenen Gästen, bis am Fuße der Stiftskirche Angela Merkel auf dem Marktplatz mit einer Handvoll ausgewählter Besucher auf den wichtigsten Mann des Tages wartete.
Nach einer militärischen Zeremonie zogen sich die Bundeskanzlerin und der US-amerikanische Präsident ins Baden-Badener Rathaus zurück. Am Abend begann im Kurhaus der NATO-Gipfel mit weiteren Regierungsvertretern aus aller Welt. Auch ein kleines Grüppchen aus 100 Demonstranten war in

die Kurstadt gereist – weitaus weniger als erwartet, aber motiviert bis in die Haarspitzen und dank eines von der Polizei zur Verfügung gestellten Lautsprecherwagens gut zu hören. Eine versöhnliche Geste an einem Tag, an dem Euphorie, Begeisterung und das Gefühl des Miteinanders überwogen und lange nachwirkten.

Sogar der Name des 45. Präsidenten der Vereinigten Staaten, Donald Trump, ist mit der Stadt verbunden. Beinahe hätte es fünf Jahre vor dem Besuch Barack Obamas sogar einen Besuch dieses Mannes gegeben, der damals gerade die erste Staffel der Reality-Show „The Apprentice" moderierte und in erster Linie als exzentrischer Multimilliardär bekannt war.

Im Juli 2004 erreichte über Trumps Verlag eine Anfrage die Stadtverwaltung, ob die Kurstadt nicht Interesse daran hätte, Schauplatz für die Vorstellung der deutschen Übersetzung seines neuen Buches „Wie man reich wird" zu sein.

Zunächst stieß das Anliegen auf verhaltenes Interesse, bis die daran geknüpften Bedingungen offengelegt wurden: Kostenübernahme von Reisekosten, Unterbringung, Raummiete und als krönenden Abschluss die Ehrenbürgerschaft der Stadt. Wenig verwunderlich, dass der Besuch nicht stattfand, dafür aber für Kopfschütteln und Schmunzeln und inzwischen wohl für nachträgliche Erleichterung sorgte …

18

EINE KUTSCHFAHRT, DIE MACHT GLÜCKLICH

Dass alles Glück der Erde auf dem Rücken der Pferde liegt, ist eine weithin bekannte Weisheit, die sich bei einem Ausritt im Baden-Badener Stadtwald oder auf der Klosterwiese bei Lichtental klar und deutlich erkennen lässt. Wer allerdings ein ganz besonderes Glück hinter dem Rücken der Pferde kennenlernen möchte, dem sei eine Kutschfahrt durch die Lichtentaler Allee ans Herz gelegt!
Zunächst einmal, weil diese Strecke entlang der Oos unbestreitbar zu den schönsten der Stadt gehört. Das Herzstück Baden-Badens, das vormals ein von Äckern und Wiesen begrenzter Fuhrweg war, wurde Mitte des 19. Jahrhunderts zu einem Landschaftspark umgestaltet und beherbergt auf seinen knapp drei Kilometern Länge Hunderte unterschiedliche einheimische und exotische Bäume und Pflanzen.
Die majestätischen Villen aus der Gründerzeit und die schmiedeeisernen Brücken über den Fluss machen die Allee zu einer malerischen Kulisse. Es gibt wohl kaum einen Besucher, der nicht einen Lieblingsort oder eine Lieblingsbeschäftigung in diesem unter Schutz stehenden Kulturdenkmal für sich entdeckt. Queen Victoria führte hier gerne ihre Dackel aus, Fürst Menschikov war für seine halsbrecherischen Fahrten von seiner Villa zum Kurhaus berüchtigt, Fürstin Gagarin kannte keine schönere Strecke für den täglichen Ausritt in Begleitung ihrer drei Töchter.
Aber auch wenn die Strecke eine überschaubare Länge hat und zu Fuß, für Jogger oder mit dem Fahrrad reizvoll ist, wird

sie erst durch eine Kutschfahrt zu einem unvergesslichen Erlebnis. Davon weiß keiner so gut zu berichten wie Sabrina Möller, die mit ihrem Team aus acht Mitarbeitern und neun Pferden seit vielen Jahren diese außergewöhnliche Stadtrundfahrt bietet. Der häufigste Anlass für die Rundfahrten sind Hochzeiten und Jubiläen, oft sind es aber auch die erwachsenen Kinder, die ihre Eltern mit einer Kutschfahrt überraschen. Selbst der ein oder andere Heiratsantrag wurde auf den Sitzen der Kutsche gestellt und hatte in den allermeisten Fällen den gewünschten Erfolg.
Nur einmal wurden die Nerven aller Beteiligten aufs Äußerste strapaziert, als nämlich nach erfolgtem Antrag ein Sektkorken, laut wie ein Pistolenschuss, aus der bereitgestellten Flasche knallte. Fast wären die Pferde durchgegangen, obwohl sie so einiges an Unruhe gewohnt sind.
Überhaupt ist für das verantwortungsvolle Fahren eine große Harmonie für die Einheit aus Tier, Mensch und Fahrzeug nötig. In erster Linie wollen die Gäste unterhalten werden und sich freuen, wenn die sehenswerten Plätze der Stadt mit der ein oder anderen Anekdote verziert werden. Darüber hinaus gilt es den Verkehr um die Kutsche herum im Auge zu behalten. Zwar lassen sich die geschulten Pferde von einem vorbeisausenden E-Scooter oder einem klingelnden Fahrradfahrer nicht aus der Ruhe bringen, aber es sind die ortsunkundigen Fahrer von schweren Lastwagen und Baustellenfahrzeugen, die der Kutscherin alles abverlangen.
Sabrina Möller ist stolz auf ihre Pferde, die sich in all den Jahren kein einziges Mal von ihrer Arbeit ablenken ließen. Dass und wie sehr es gefallen hat, sieht man an den strahlenden Augen eines Kindes, das beim Mitfahren auf dem Kutschbock kurz die Zügel mit halten darf, aber auch daran, dass die Fahrt bei vielen Gästen oft lang verschüttete Erinnerungen weckt. Manche

werden ganz still und versinken tief in den eigenen Gedanken, aus anderen sprudelt mit einem Mal ein ganzes Leben heraus. Es werden Geschichten erzählt vom eigenen Landauer auf dem Hof der Eltern, von der Fahrt zur Kirche in einer frostigen Weihnachtsnacht oder dem ersten Besuch in der nahen Großstadt in längst vergangenen Zeiten. Oft steigen da nicht nur den Erzählern Tränen der Rührung in die Augen. Neben dem überschwänglichen persönlichen Dank erreichen Sabrina Möller und ihr Team E-Mails und Dankesschreiben aus aller Welt. Das ein oder andere gerahmte Foto als Erinnerung an die gemeinsame Zeit landet im Briefkasten des im Gunzenbachtal gelegenen Kutschenstalls.

Diese Erfahrungen, die enge Verbindung mit den Pferden und die tägliche Arbeit an der frischen Luft sorgen dafür, dass Kutscherin für Sabrina Möller ihr Traumberuf ist. Zudem ist sie mit ihrem Fahrzeug und bekleidet mit Anzug, Zylinder und Handschuhen eines der beliebtesten Fotomotive auf Post- und Ansichtskarten.

Und auf die oft gestellte Frage, ob sie die meistfotografierte Frau Baden-Badens sei, antwortet sie mit einem verschmitzten Lächeln. Obwohl sie bereits im Alter von sieben Jahren Reitstunden hatte und als Teenager die ersten Erfahrungen in ihrem Beruf sammelte, saß die Kutscherin erst vor einigen Jahren zum ersten Mal selbst als Fahrgast auf dem Rücksitz des Gefährts. Der Anlass? Ihre eigene Hochzeit. An das komische Gefühl erinnert sie sich gut und ebenso an das geradezu bedrängend intensive Gefühl, von allen angestarrt zu werden. Am liebsten hätte sie sich auf den Kutschsitz geschwungen, die Zügel ergriffen und wäre so schnell wie möglich geflohen. Ob sie mit dieser Aktion jedoch weniger Blicke auf sich gezogen hätte, sei dahingestellt.

Weitere Bücher über Ihre Stadt und Region

Geschichten und Anekdoten aus Baden-Baden
Der Schupo auf dem Leo
Sandra Eberle
80 Seiten, Hardcover,
zahlr. schw.-w. Fotos
ISBN 978-3-8313-2358-6

Unsere Glücksmomente – Geschichten aus Karlsruhe
Wolfgang Wegner
80 Seiten, Hardcover
ISBN 978-3-8313-3327-1

Aufgewachsen in Karlsruhe in den 40er und 50er Jahren
Wolfgang Wegner
64 Seiten, Hardcover,
zahlr. Farb- und S/w-Fotos
ISBN 978-3-8313-2036-3

Das alte Stuttgart in Farbe
Historischer Bildband
Henning Jost
96 Seiten, Hardcover,
zahlr. Farbfotos
ISBN 978-3-8313-3216-8

Wartberg-Verlag GmbH
Im Wiesental 1 34281 Gudensberg
www.wartberg-verlag.de
Bücher für Deutschlands Städte und Regionen
Tel. 0 56 03 - 93 05 0
Fax. 0 56 03 - 93 05 28